麦肯锡战略思考力

[日] 西村克己——著　陈广琪——译

1分間でマスター
戦略思考トレーニング

北京时代华文书局

图书在版编目（CIP）数据

麦肯锡战略思考力 /（日）西村克己著；陈广琪译．—北京：北京时代华文书局，2018.9（2025.8重印）

ISBN 978-7-5699-2500-5

Ⅰ．①麦… Ⅱ．①西… ②陈… Ⅲ．①企业战略－研究 Ⅳ．① F272.1

中国版本图书馆 CIP 数据核字（2018）第 184190 号

Ippunkan de Master Senryakushikou Training
Copyright ©2015 Katsumi Nishimura
Originally published in Japan by SB Creative Corp.
Chinese (in simplified character only) translation rights arranged with
SB Creative Corp., Tokyo through CREEK & RIVER Co., Ltd.
All rights reserved.

北京市版权局著作权合同登记号 图字 01-2021-4513

麦肯锡战略思考力
MAIKENXI ZHANLÜE SIKAO LI

著　　者｜［日］西村克己
译　　者｜陈广琪

出 版 人｜陈　涛
策划编辑｜胡俊生
责任编辑｜周　磊
装帧设计｜程　慧　赵芝英
责任印制｜刘　银

出版发行｜北京时代华文书局 http://www.bjsdsj.com.cn
　　　　　北京市东城区安定门外大街 138 号皇城国际大厦 A 座 8 层
　　　　　邮编：100011　电话：010-64263661　64261528

印　　刷｜廊坊市印艺阁数字科技有限公司
　　　　　（如发现印装质量问题，请与印刷厂联系调换）

开　　本｜880mm×1230mm　1/32　印　张｜6　字　数｜136千字
版　　次｜2019年1月第1版　　　　印　次｜2025年8月第6次印刷
书　　号｜ISBN 978-7-5699-2500-5
定　　价｜42.00元

版权所有，侵权必究

前　言

读者可从本书中学到的是"如何不按规则出牌"和"杂学知识"。

所谓"不按规则出牌"就是如何"找出常理以外的创新的对策",换个书面点的说法就是：以兵法、经营战略为根基而构筑的战略理论、战略布局、相关知识及思路。本书可帮助读者在学习新的经营管理知识的同时,还可让读者从本书列举的诸多事例中收获不少杂学知识,在此建议大家仔细阅读认真体会。凡是读过本书的人马上就可以知晓诸多将来能够与人高谈阔论的、与企业经营相关的知识和案例。

本书所列举的问题及解答案例均基于过去所发生的事实。部分抽象化的问题也源自多位经营者在日常经营活动中的亲身体验。希望诸位读者在享受杂学知识所带来的新奇感的同时,还能学会战略思考术,掌握做出决策的技能。

1990年之后的日本企业遇到了战略缺位问题,究其原因可归结为20世纪90年代前期的泡沫经济高速膨胀时,企业并没有做好战略规划而盲目扩大经营规模。盲目扩大经营规模也能促成经济人发展的原因在于,当时日本采用的是大规模生产、大规模销售的"世界工厂"经济模式。

遗憾的是，日本最擅长的这种"世界工厂"经济模式与以低廉人工成本为基础的中国经济模式发生了正面冲突，结果就是日本所拥有的一切优势都被以中国、韩国为首的亚洲诸国瓜分殆尽。

进入20世纪90年代后半期至2000年，构筑经营战略的日本企业开始显现。软银、优衣库、乐天等诸多保持良好成长势头的企业均拥有优秀的经营战略。在当今时代，缺乏经营战略的企业根本无法在竞争中存活。

令人欣慰的是，2000年以后构筑经营战略的日本企业日渐增多，在日本企业相关资料中开始出现关于战略的论题。当下的社会已经进入连个人的人生战略也必须认真考虑的时代了。原因在于，一心只想依附于某家企业的人，很有可能在某日被企业毫不留情地抛弃。因此，每个人都必须事先为今后的人生做好规划。所以说，战略缺位就如同坐以待毙。

经常有人问什么叫"战略缺位就如同坐以待毙?"关于这个问题，笔者就用羽生善治（4次斩获日本将棋名人称号）的名言来回答吧。

"最近15年，日本将棋的对局出现了急速进化现象。其根源在于计算机可以复盘、模拟过去的对局棋谱。最终，利用计算机进行对局研究的棋手破解了许多过去所谓的定式。"

"那么，是否就可以断言掌握最新对局棋谱的棋手就一定能获胜呢？回答是否定的。掌握最新对局棋谱的棋手之间可以说平分秋色，但未能掌握最新对局棋谱的棋手一旦遇到已经掌握了最新对局棋谱的棋手只能是一败涂地。简单地说，掌握新棋谱的棋手之间难分高下，未掌握新棋谱的棋手望尘莫及。"

综上所述,只有拥有战略的对手之间才能势均力敌地过招,战略缺位的一方连参与的资格都成了问题。

本书以"问题+提示"的问答形式来呈现,所以请读者在看到提示后给自己留出至少五秒钟的时间。等得出自己的答案后,再阅读"解说"部分。因为思考后的阅读能使你更容易理解,留下更深刻的印象。

另外,除"解说"之外,本书还插入了许多"麦肯锡顾问教你"专题。如果读者觉得光看解说意犹未尽,可以通过图解来进行更深层次的学习。

这本书一定会让各位读者爱不释手。祝大家开卷有益!

西村克己

目录
CONTENTS

第一章　学会战略思考，你就能拓展思路

不按规则出牌，这才是战略思考的真谛 ...002
问题01　在江户时代，鸿池屋是如何聚积巨额财富的？...005
问题02　拥有技术优势的日本企业为何在平板电视市场上一败涂地？...007
问题03　2000年以后的日本企业为什么会面临库存积存的问题？...009
问题04　处理问题时，遵循前例有什么问题？...011

麦肯锡顾问教你

只有确立经营战略，企业才能突破现状、持续发展 ...013

问题05　奥林巴斯如何在内窥镜市场上打败医疗设备的三巨头，取得压倒性优势呢？...015
问题06　秋本面包店如何把面包卖到全世界？...017
问题07　三菱公司和东京迪士尼为什么都建在沼泽地上呢？...019
问题08　实施了经营改革，市场销售却大幅萎缩，这是为什么？...021

> 麦肯锡顾问教你

分清长期战略思考与短期战术思考的不同点，才能合理运用...023

第一章　复习
想要明白战略思考的作用，你需要这样做...026

第二章　学习战略思考，先从战略布局开始

做好战略布局，是战略思考的关键...030
问题09　便利店行业的整体发展战略包括哪些内容？...033

> 麦肯锡顾问教你

只有严格贯彻战略发展的S&B（拆除与建设），才能摆脱亏损部门轻装上阵...035

问题10　苹果公司为什么能够做到引领世界潮流？...037

> 麦肯锡顾问教你

做好经营战略布局的三个步骤，你的公司就有可能成为领头羊...039

问题11　软银公司投资或收购资金从何而来？...041
问题12　电梯维修公司该如何开展多元化经营？...043
问题13　"细分市场之王"成功的秘诀是什么？...045

> 麦肯锡顾问教你

日东电工推进"三开活动"构建多元化战略矩阵...047

问题14 奥林巴斯用什么方法有效掌握环境变化?...049

> 麦肯锡顾问教你

巧妙运用SWOT分析与SWOT组合分析法,确定经营战略...051

问题15 新产品销售看好,总经理为什么会泼冷水?...053
问题16 沃尔玛的分店选址战略有什么独到之处?...055
问题17 有什么共同点?有什么不同点?...057

第二章 复习
从战略布局开始学习战略思考,你需要这样做...059

第三章 做好战略思考,先要向经营战略大师学习
跟波特、德鲁克、韦尔奇学习如何战略思考...062
问题18 企业如何才能避免竞争?...065
问题19 除了同行以外,企业还要面对哪些竞争对手?...067

> 麦肯锡顾问教你

明白五大竞争力量,才能正确地构思企业战略...069

问题20 麦当劳和莫士汉堡有什么决定性的不同?...073

> 麦肯锡顾问教你

理解波特的三大基本战略，才能更好地构建企业战略...075

问题21　为什么优衣库要从生产到销售实施全盘管理？...079

> 麦肯锡顾问教你

学习价值链，才能准确地构建企业战略...081

问题22　丰田为什么要依赖直营方式？...083
问题23　为什么做食品的乐天公司会做暖宝宝？...085
问题24　太阳马戏团和澳大利亚葡萄酒有什么相同的战略？...087

> 麦肯锡顾问教你

巧用蓝海战略行动矩阵，寻找企业的蓝海市场...089

问题25　杰克·韦尔奇在通用电气公司执行的是什么战略？...091

第三章　复习
向经营战略大师学习战略思考，你需要这样做...093

第四章　做好战略思考，就要理解市场营销的本质

从市场营销的本质学习战略思考...096

问题26　松本清药妆店与其他药妆店的经营领域和目标客户有什么不同？...098

> 麦肯锡顾问教你

根据市场营销学理论体系,做好战略思考...100

问题27　戴森公司的广告语有什么特点?...103
问题28　在陶瓷工业方面极具技术优势的日本碍子公司开发的高性能家用净水器为什么销量不佳?...105
问题29　小松公司在巨型自卸卡车上增加了什么可以打败竞争对手的强大功能?...107

> 麦肯锡顾问教你

让客户参与新产品开发,产销一体模式重构产品开发...109

问题30　优衣库从廉价商品中挣到丰厚利润的秘密是什么?...111
问题31　汽车行业为什么不导入产销分离?...113
问题32　卫视广告产品有哪些共同点?...115
问题33　奢侈品的品牌战略最关键的是什么?...117
问题34　有什么不可或缺的服务可以抓住有车一族,让他们成为回头客?...119

第四章　复习

从市场营销的本质学习战略思考,你需要这样做...121

第五章　做好战略思考,就要理解兵法的本质

从兵法的本质学习战略思考...124

问题35　亚马逊、微软、谷歌有什么相同的基本战略?...127

问题36　为什么日本的土地所有者大多数在经营租赁公寓呢？...129

问题37　为什么象印公司和虎牌公司从不涉足空调、冰箱等大型家电？...131

问题38　阿米巴经营模式的特征是什么？...133

问题39　日本航空在申请破产前内部出现过什么重大问题？...135

> 麦肯锡顾问教你

了解管理体系崩溃的六种预兆，提前做好预防...137

问题40　"选择与集中"的过程中，选择包括哪两方面的内容？...139

问题41　软银公司的股票资产大约是多少？...141

问题42　7-11公司与丰田公司各自强大的敌人是谁？...143

> 麦肯锡顾问教你

知道胜利的五种条件，是战略构思的基础...145

第五章　复习

从兵法的本质学习战略思考，你需要这样做...148

第六章　做好战略思考，就要理解兰彻斯特战略的本质

从兰彻斯特战略的本质学习战略思考...152

问题43　市场竞争中，弱者应当采用什么战略呢？...155

> 麦肯锡顾问教你

学习弱者的战略与强者的战略，才能正确地战略思考...157

问题44　处于弱势的毛利家采用什么手段战胜了强大的敌人呢？...161
问题45　怎样说服能说会道的上司？　...163
问题46　行业龙头如何应对竞争对手的挑战？...165
问题47　为什么一定要争当第一？...167

> 麦肯锡顾问教你

从第一位战略开始，进行战略思考...169

问题48　面对挑战，乐天公司该如何应对？...171
问题49　想维持超长生命周期，商品应该采取哪种战略？...173
问题50　为什么同一集团会在一个商圈内开设两家分店？...175

第六章　复习
从兰彻斯特战略的本质学习战略思考，你需要这样做...177

第一章

学会战略思考,你就能拓展思路

不按规则出牌，这才是战略思考的真谛

以前曾经有这样一个著名的问题：你觉得自己是①思考问题时需要停下来，还是②可以一边小跑一边思考问题？

大约在15年前开始，我对每个遇到的人都提出以上问题，在那个时候，①与②的比例为2比5，也就是说选择②的人是选择①的2.5倍。

但是，随着时间的推移，选择①的人日渐增多，到5年前终于发生逆转，到现在①与②的比例为3比2，选择①的人是选择②的1.5倍。

这个问题的深意是："①停下来思考问题"是在考虑战略上的为什么（Why），而"②一边小跑一边想问题"则是在考虑战术上的怎么办（How）。"接下来该怎么办？""怎样才能赚到钱？"这样的问题属于战略问题。所谓考虑未来战略就是在考虑将来前进的方向或进行工作的整体方针。

其实这个问题里还隐藏着另一种可能性，就是增加第三个选项，"③视情况而定"。意思是说，对以上选项可根据侧重点进行合理组合，有时候需要停下来考虑问题，一旦决定了前进的方向就可以一边小跑一边考虑对策。

可能会有读者觉得自己随便想个选项出来是不是不按规则出牌，但是我们现在所处的时代就是要求"每个人自己找出问题，然后自己解决它"，从自己创造出来的答案里才能找到更好的解决对策。这就是我们活

在当下所必须具备的能力。

听说某证券公司社长的口头禅是"坐好再跑"。而那个公司的员工们对以上问题的答复就是选择自创的"③视情况而定"这一选项。看样子他们对社长的深意都已经了如指掌了。

"不按规则出牌"的来源

不少人肯定会觉得战略思考就是不按规则出牌。事实也差不多如此,在我们这个时代不懂得不按规则出牌就无法生存。

所谓的"不按规则出牌"就是付诸行动之后,周围的人忍不住说"干得漂亮,我们怎么没有想到呢""要是早点能想到我们绝对会做"之类的话,这样的构思往往给人一种出乎意料、耳目一新的感觉。

例如,美国的苹果公司,相信同行的其他公司都会忍不住惊呼"干得漂亮"。不少公司可能会愤愤不平地想:"iPhone的生产技术我们公司也能做到。"从根本上来说,这就是战略思考的力量,也就是懂得"不按规则出牌"的结果。

战略的定义

战略思考的要点是"将战略思考或决策方法融入个人思考过程中"。一般来说,战略指的是组织体系上的思路或管理方针。在现实中,公司层面的管理更加侧重于战略问题。

但是，如果在决策人生规划或个人事业发展规划时，能采用战略思考术或类似决策方法，就可以确保人生收获更多。2500年前孙子曾经提出"不战而胜"这一理论，直到今天仍能得到很多人的共鸣，这说明了战略的巨大价值。

接下来本书将依次介绍战略思考及其决策方法，那么一个最基本的问题摆在眼前：构筑战略的基本目的是什么？

构筑战略的基本目的是"让己方保持长期竞争优势"。与其说像个无头苍蝇一般到处乱撞，不如厘清思路在竞争中保持长期优势，这才是王道。比汗水更有价值的是智慧，竞争优势只能依靠谋略获取。缺乏竞争优势的公司或个人，将会被客户或公司无情地抛弃。

接下来就让我们在战略思考术上迈出第一步吧。

问题01

在江户时代,鸿池屋是如何聚积巨额财富的?

江户时代的鸿池屋作为钱庄(高利贷)聚积了巨额财富。据说在其最盛期日本全国共有110名诸侯从鸿池财阀借高利贷。有一种说法是"鸿善(鸿池善右卫门)一怒,天下诸侯皆两股战战"。到江户时代末期,鸿池财阀的资产高达白银5万贯,与当时的幕府所拥有的财富相等。

但事实上,德川幕府在历代都撤废了不少诸侯,当然会弄得鸿池财阀血本无归。此外也发生过部分诸侯国国主直接赖账的情况。

那么请问:在经历如此挫折之下,为何鸿池财阀仍然能够聚积巨额的财富呢?

提示 鸿池财阀在经营高利贷的同时还经营着另外一个行业。

答案01

鸿池财阀以借出高利贷为交换条件获得了大米交易的垄断权

【解说】战略思考术必须着重于建立战略构架

为了确保在行业中的长期竞争优势，在挥汗如雨地投入工作之前，必须从战略上搭建好赚钱的体系，这才是重中之重。历经江户时代的两百多年，并能延续到现代的鸿池财阀，在创业初期就构筑了确保长期繁荣稳定的赚钱战略。

鸿池财阀除了作为提供高利贷给诸侯的指定商人之外，同时也是大米交易商，以获得大米交易垄断权为交换条件向诸侯提供高利贷。

也就是说，鸿池财阀一方面通过高利贷获利，另一方面作为江户时代的隐形货币——大米的垄断经营商人而横行霸道。

据说鸿池借给诸侯的钱七八年即可回本，其后年份收回来的就是纯利润。即便诸侯翻脸不认账，鸿池财阀通过大米的垄断依旧赚得盆满钵满。真不愧是个奸商啊！

问题02

拥有技术优势的日本企业为何在平板电视市场上一败涂地?

日本企业在平板电视(液晶、等离子)市场上遭到三星、LG电子等韩国公司的重创,产生了巨额赤字。结果2014年日本企业全面撤出等离子电视市场。

拥有技术优势却在经营上一败涂地的日本企业,在平板电视市场上究竟败在何处呢?

提示 日本企业与韩国企业在某个问题上的观点完全不同。

答案02

日本企业过度追求产品全面自主生产

【解说】无论多么优秀的战术（技术）都不是战略的对手

无论拥有多么优秀的技术，如果没有战略相助的话，依旧会一败涂地。

众多日本企业对自主经营抱有一种特殊的执着。无论是技术，还是生产、销售，都想一手包揽、全盘通吃。而欧美及韩国等日本国外的绝大多数企业着重于对外采购，甚至连技术和员工都可以采用外包方式，其目的在于最大限度地减轻自身的成本压力。具体的操作方式就是外包生产，从工厂组建到EMS（电子制造业服务）都委托给专业的承包企业。

此外，还有韩元贬值造成日本产品出口受到打压这一侧面因素。

那么，到底应该保持哪部分的竞争优势呢？关键在于定位企业的核心竞争力，强化自主研发，把脑力劳动的部分牢牢抓在手里，将体力劳动的部分外包给其他企业。

本次日本企业为何在技术竞争上也遭遇到滑铁卢呢？根本原因在于三星与LG吸收了2003年被日本家电企业大量裁员的日本技术人员。可以说自2003年起，日本的技术开始大规模扩散至亚洲各地。

问题03

2000年以后的日本企业为什么会面临库存积存的问题?

20世纪90年代以前的日本企业时刻掌握竞争对手的动向,相互之间达成了某种微妙的平衡。当一个公司推出新产品之后,大约在半年左右可以推出更优质的升级产品,这种方式保证了日本企业的稳定收入。

可是,进入2000年以后,大量生产已经很难让企业获得利润,越是积极扩大生产,就越发导致库存积压,最终成为经营活动的负担。这种情况迫使企业要么开发出到目前为止未曾出现的、让人耳目一新的产品,要么只能将新产品按同类产品的半价销售。

2000年以后的日本到底发生了什么新变化呢?

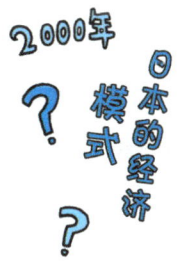

提示　请从日本经济模式的基本特征进行考虑。

答案03

日元升值与亚洲国家货币贬值动摇了日本"世界工厂"的基础

【解说】日本的经济模式

从本质上来说,当时日本的经济模式是从加工贸易进化出来的"世界工厂"模式。简单地说,就是通过"大量生产、大量销售"的方式发展日本经济,并从中获取外汇储备。

但随着日元升值与亚洲各国货币贬值进一步加深,日本的"世界工厂"地位不复存在。尤其是韩国借着韩元贬值提高了自身的出口能力。由此可见,20世纪80年代的日本可以说是极度的日元贬值时期,因此才能用低价格压倒美国而确立了自己的经济地位。

相信不少人对"日本第一"这句话多少有些印象吧。虽然它已经过时了,但却是20世纪80年代日本经济高度成长期的一个印证。

《日本第一》(*Japan is No.1*)是美国社会学家傅高义(Ezra Feivel Vogel)写于1979年的著作,在日本国内畅销79万册,是当年最受人追捧的书籍。在其后的20世纪80年代,日本进入了泡沫经济时代。

问题04

处理问题时,遵循前例有什么问题?

日本的政府部门及一些大企业至今在处理问题时非常重视参考前例。因为这些团体内部存在这样一个潜规则:遵循前例处理问题出现失败时不会追究负责人的管理责任。

举例来说,在判断是否该采取行动时,如果存在三年前曾经发生过类似情况的前例,立即就会照旧实施。即使出现失败需要追究责任时,负责人会理直气壮地反驳:我遵循前例做出的决定,有问题吗?往往这样就可以逃脱惩罚。

提示 照搬前例的先决条件是内外环境和当初实施前例时完全一样。

答案04

外部环境已经不同以往了

【解说】战略缺位如同坐以待毙

遵循前例的先决条件是内外环境（至少外部环境）没发生任何变化，这样才行得通。一旦外部环境有变，前例则无法遵循了。

1995年Windows95操作系统上市以后，随着网络日益普及、信息传播速度日渐提高，整个外部环境的变化越来越迅速。当时产生了一个流行语：Dog Year（犬龄）。当犬类的年龄折算成人类的年龄时，1犬龄相当于人类的7年。这个流行语的意思是：外界变化的速度一年相当于过去的7年。甚至还有"鼠龄"一词，指的是以1995年为界，人类社会的变化速度提高了数十倍。

外部环境的剧变迫使企业必须跟上步伐。许多还在流行的产品瞬间就从市场上消失得无影无踪。例如，随着iPod的出现，用户可直接从网络购买音乐或视频，结果就导致CD播放器迅速被市场淘汰，这就是外部环境变化的一个明显例子。

战略缺位如同坐以待毙，对外部环境变化缺乏敏感性，依旧遵循前例做决定，结果只能是失败。

只有确立经营战略，企业才能突破现状、持续发展

经营资源的分散与集中

战略就是指明员工工作方向的理论，战略缺位将导致公司与新的市场机遇失之交臂。

将公司的经营资源分散是守成行为，也意味着战略缺位。为了维持现状，经营资源被分散于各处，很容易产生重大浪费。战略缺位的公司最明显的特征就是总在抱怨"人手不够"。维持现有业务被当作第一要务时，经营者就会对涉足新领域产生抵抗情绪。此类守成公司的业务部门管理者的口头禅就是"人手不够没法兼顾其他工作"。

而集中经营资源挑战新事物则是积极进取的行为。为了集中资源挑战新领域，就必须从既有领域抽调经营资源（包括人员、物料、资金、信息等）。在公司经营活动中，保持既有领域的安定发展，并把重要的经营资源调投入到新领域才是发展常态。

在调集经营资源的同时也要明确企业自身的发展目标。所谓的发展目标必须定义出"发展领域""产品、服务项目""客户"等项目的具体内容。

集中资源的目的在于突破现状，并能保证后续能源源不断地提供支持。做到这一点的关键在于做出合理的取舍决策。全方位发展的经营模式无法集中资源，其结果必然会导致整体资源匮乏。

有无战略的不同结果

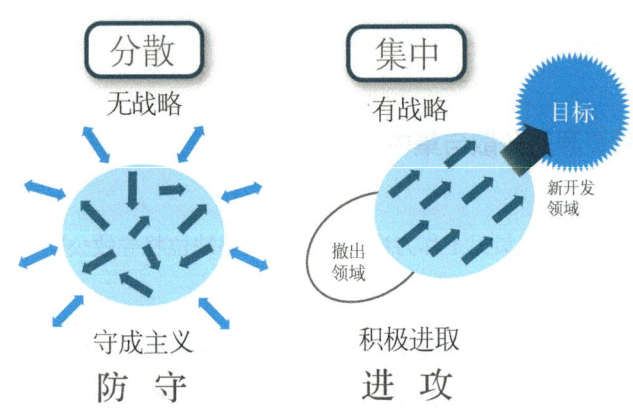

战略就是把整个公司统合成一体的力

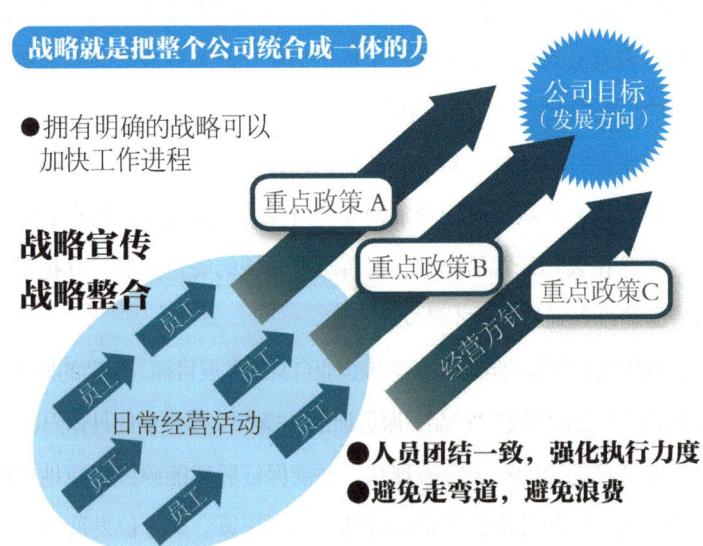

问题05

奥林巴斯如何在内窥镜市场上打败医疗设备的三巨头,取得压倒性优势呢?

医疗设备市场处于通用电气、飞利浦、西门子三巨头称霸的状态。日本的医疗设备生产企业属于弱小企业。

但是奥林巴斯居然在内窥镜市场上击败三巨头,独占全球70%的市场份额。为什么在业界属于小字辈的奥林巴斯能在内窥镜市场上取得压倒性的优势呢?

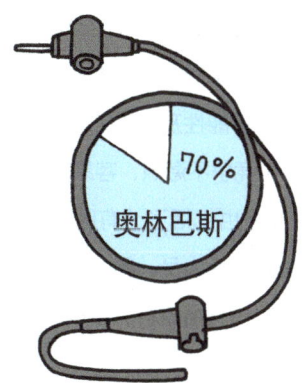

提示 作为战略布局上最著名的一个例子。

答案05

找出细分市场并集中力量

【解说】如何决定战略方向并做出合理的资源分配

类似奥林巴斯这样只盯住内窥镜,投入全部的经营资源的战略称作"市场细分战略"。所谓市场细分战略,指的是把一切资源集中于细分市场上,并在该市场取得压倒性优势。在细分市场取得优势后,以此为基础向整体市场发起进攻。

"细分市场"指的是因为规模小而被巨头们放弃的市场。医疗设备巨头普遍认为"内窥镜就是胃镜",这个小小的市场缺乏足够的吸引力。但是奥利巴斯却从中开发出了内窥镜手术、胶囊内窥镜等产品,成功地把内窥镜的可能性及用途扩大至其他领域。对弱势的一方来说,细分市场是个竞争不激烈、容易获胜的市场。

在这个案例中,战略也包括了"有限的经营资源如何分配"这一问题。经营资源主要包括人员、物资、资金、信息。信息则由资料(包括客户资料、销售网络资料)和技术知识(包括知识、技巧、技术、专利等)构成。

无论在哪个行业,经营者决定把手头的资源投向哪里、投入多少是个生死攸关的战略决策。奥林巴斯在很久以前就把众多经营资源投向了内窥镜市场。

问题06

秋本面包店如何把面包卖到全世界?

秋本面包店(总公司位于枥木县那须盐原市)的社长日夜苦思如何把自己的面包卖到全世界。有一天,当他进入温泉洗澡的时候突然得到了灵感。

那就请读者猜猜秋本面包店用何种方法把面包卖到全世界的吧。

提示 他想到了合适的包装容器。

答案06

采用罐头包装保存面包

【解说】立足于"世界地区"的视角观察外部世界

秋本面包店发明了用于保存面包的罐头,并获得了该项专利。这种产品保质期长达两年,在全世界被当作防灾必备物资而拥有广大市场。

秋本面包店一直在思考:面包虽然是地区性商品,但是有没有销售到全世界的办法呢?这个问题其实也值得其他行业的人进行思考。

20世纪80年代曾经流行过"世界地区"一词,把世界和地区结合在一起的原因在于,商品总是被限制于地区就没法获得长足发展,但是过度强调走向世界的商品则缺乏深厚的地区性根基,解决问题的关键在于掌握好商品的世界性和地区性的平衡。

秋本面包店实施拉住回头客的营销活动:派员工上门回收即将到期而没开封的面包罐头,同时以折扣价格补充新品。这样客户就可以很方便地完成防灾物资的更新工作。

而回收的即将过期的产品则作为慈善物资免费发放给受灾地区的难民。世界地区这一思路在帮助企业赚钱的同时,也为国际社会做出了贡献。

问题07

三菱公司和东京迪士尼为什么都建在沼泽地上呢?

三菱公司的用地过去曾经是东京车站附近的沼泽地,而目前正如大家所知,三菱公司已经成了东京车站周边的大地主。

东京迪士尼乐园以前也是沼泽地,对迪士尼乐园的海盗船及皮划艇等设施来说,沼泽地反而是不二之选。那么,这两家公司的决策有哪些共同点呢?

提示 从某种意义上来说,上述两家公司本来就想购买沼泽地。

答案07

考虑到未来增值的可能性而在低价时买入

【解说】看问题除了关注当下,也要想到未来

两家公司的共同点:用最低价格买入当前难以利用而被大家看作是废物的商品。

江户城周边土地的自然条件不理想。尤其是日比谷附近就是出海口,因此当初在建设江户城时为搭建城垣巨石,不得不从武藏野平原运来大量茅草铺入沼泽地里。

德川家康虽然知道这里的土地不是那么理想,但他预计到这个广阔的平原是后续发展的理想平台。据说在江户时代,这里已经成为100万人口的大城市。为了改善沼泽地的地质条件,提高地基强度,江户城到处挖掘排水沟。通过排水沟把多余的水集中处理,使地表逐渐干涸。

着眼当下的同时,也要面向未来,这样才可以拓展视野。即使现在没什么用处,但考虑到10年甚至更长时间以后的发展趋势,就可以找出新用途,从而捕捉到发展机遇。投资未来也是一种成功的方法。

问题08

实施了经营改革,市场销售却大幅萎缩,这是为什么?

1995年前后,作为最新的经营改革理论,BPR(Business Process Reengineering)曾经红极一时。

所谓BPR,指的是对已有的业务内容、业务流程、组织结构、商业规则等进行一次全面改革或重新设计(Reengineering)。彻底抛弃当前的通行惯例,为了能提高效率及生产率可以实施任何改革。

BPR的实施结果却出人意料,许多企业虽然成功地削减了成本,但市场销售也出现了大幅萎缩。到底是哪里出了问题呢?

提示 BPR改革忽视了最重要的一点。

答案08

忽视了客户的感受

【解说】改革与改烂

如果只把注意力集中到企业内部的成本削减,结果就会把不良压力传导至客户或其他合作伙伴。BPR的基本理论是:只要能简化本公司的业务流程,实施任何手段都在所不惜。在公司外部人士看来,这种做法完全无视了客户及合作伙伴的利益。

开始推行BPR的时候,许多供应商开始抱怨:客户现在只肯接受他们要求格式的发货单,不按他们的格式提交资料的话连东西都不肯买了。这样一来,供应商不得不按不同的客户印刷不同格式的资料,还需要花费人力管理这些五花八门的文件。

对实施BPR的企业来说,更大的悲剧是客户的流失。到改革实施以前,企业可以为客户多提供些个性服务,但是随着降成本的一声令下,这些服务都被取消了。而且产品种类也被大幅压缩,一些小批量产品被彻底取消。

只考虑提高销量削减成本的改革,与其说是改革不如说是改烂。无视客户感受的改革肯定是越改越糟糕。

分清长期战略思考与短期战术思考的不同点，才能合理运用

根据长远目标从战略层面做出的决策

在经营活动中，管理人员必须做出各种决策。无法做出决策就说明在这方面上出现了战略缺位。做出决策并不是单纯地做出决定，而是抱着破釜沉舟的心态，决定把"一旦投入就无法挽回的经营资源"用于何处。

那种"不试试看怎么知道行不行"的判断并不能算是决策。这种判断其实是一种毫无责任心的行为，连小孩子都可以做得到。而决策则是"在掌握问题发展不确定性的基础上，明确判断标准，经常对多个应急预案进行评价并决定选择结果"。以笔者的经验来看，日本的经营者在做决策时还有诸多不足之处。

所谓决策，指的是依据既定战略决定今后的前进方向。做出决策时必须遵守相关的议事过程。决策者必须阐明做出决策的理由，并通过高透明度的理论分析，说服中立方也能接受观点。做出决策的相关过程被称为"决策过程"。

很多时候，在决策前进行讨论时往往拿不出代替方案，结果就成了判断当前方案是否实施的"行还是不行"的讨论会。以下情况相信大家不陌生吧：部下提出了令人耳目一新的方案，可上司只认为自己的主要工作就是判断这个方案是否可行,从另一方面说,这样的上司在部下提出方案以前并没有开动脑筋思考问题,只是一味地要求部下不断地提出方案。可等到部下提出方案之后,他就开始挑毛病否决部下的方案,并从中得到莫名其妙的满足感。这样的上司不仅没有做出开创性的工作,反而把部下开创性的工作破坏殆尽。

做决策时必须拥有长期展望的视野,尤其要关注未来的不确定性(风险),把握住主线和重要问题点,为扩大成功的可能性必须经常准备多个应急预案,随时从中选择实施最合理的方案。

根据短期目标从战术层面上做出的对策

与战略决策相对的是对战术目标的管理。这种管理方法不能定义为经营决策,而是属于对工作的管控。

依照既定战略有效推进日常工作进程的管理就是"战术管理"。这种管理的方法是把主要精力放在短期成果上,各种细节都必须照顾到位,也就是平常说的"连犄角旮旯都要处理好""追求完美"的管理方法。

此类管理方法虽然能做到面面俱到,但是由于把注意力过分集中于小问题上,许多重要工作就无暇顾及了。例如,无意中忽略对未来的不确定性管理,只把眼光放在当前工作的延长线上。

战略和战术到底哪一方更重要,无须多言。经营者还应重视的是:做出决策之后的战略管理。一旦下定决心做出决策,接下来对一线工作的战术管理就成了重头戏。没有战略决策,只是一味强化战术管理,公司就成了一个故步自封、因循守旧的存在。

关于战略决策

战略决策的定义	抱着破釜沉舟的心态,决定把"一旦投入就无法挽回的经营资源"用于何处。
战略决策的要点	● 控制、降低风险 ● 经常准备多个应急预案 ● 明确判断标准,评价、实施应急预案

两种管理方法对比

战略决策 (战略管理)	战术管理
【思考"为什么"(目的)】 决定前进方向 ● 怎样才能赚钱 ● 重视决策过程	【思考"怎么办"(手段)】 提高在既定道路前进的效率 ● 日常工作的成本优化 ● 改善作业流程
● 具有前瞻性 ● 关注重要问题 ● 关注未来的风险 ● 时常拥有多个应急预案	● 关注短期成果 ● 关注细节 ● 不关注未来的不确定性 ● 在当前工作的延长线上思考问题

第一章 复习
想要明白战略思考的作用,你需要这样做

本章的中心主题是战略思考的定义。

"①停下脚步思考问题"指的是战略性思考(What),而"②边小跑边思考问题"指的是战术性思考(How)。

所谓战略,是指"以后该做些什么""怎样才能赚钱"等对未来的前进方向进行整体性考量,因此那个著名的选择题还隐藏着"③根据实际情况而定"这一选项。"自己找出问题,自己进行解答,答案由自己创造,找出最合理的答案"这就是战略思考的本质。

战略思考就是不按规则出牌。在我们这个时代,不懂得不按规则出牌就无法生存。苹果公司就让许多竞争对手忍不住说"干得漂亮,我们吃了记暗亏啊"。不少公司愤愤不平地想:"iPhone的生产技术我们公司也能做到。"苹果公司的成功源自于战略思考,也就是说他们精通如何不按规则出牌。

战略思考的要点是"将战略思考或决策方法融入个人思考过程中"。一般来说,战略指组织体系上的思路或管理方针。在现实中,公司层面

的管理更加侧重于战略问题。

　　构筑战略的基本目的是"让己方保持长期竞争优势"。与其像个无头苍蝇一般到处乱撞，不如厘清思路在竞争中保持长期优势，这才是王道。比汗水更有价值的是智慧，竞争优势只能依靠谋略获取。缺乏竞争优势的公司或人，迟早会被客户或公司无情地抛弃。

　　也许读者觉得战略思考是一种深奥而不可捉摸的事物，而事实上，阅读到这里的读者已经迈出了战略思考的第一步。接下来我们学习第二章《学习战略思考，先从战略布局开始》。

第二章

学习战略思考，
先从战略布局开始

做好战略布局,是战略思考的关键

为确保竞争优势,必须与竞争对手保持明显的不同点,而且还要让客户觉得这个不同点存在足够大的吸引力,这就是获得客户认可一个有关公司或产品的战略布局。

完成战略布局需要经过三个步骤:选择、差异化、集中。选择突破领域,找出本公司与竞争对手的不同点(差异化),然后集中经营资源抢夺战略优势。

选择突破领域的原因在于,如果对市场进行没有重点的全方位突破,从表面上看是提高了取得成果的可能性,但事实上却恰好相反。如果所拥有的经营资源无限大,进行无差别式的突破也未尝不可。可事实上经营资源(人员、物资、资金、信息)都是有限的,不选择一个目标而平摊经营资源的结果就是无功而返。因此,战略布局的第一步就是确定突破领域,然后制造出与竞争对手的不同点,以此争夺客户资源,最终获取该领域的竞争优势。

"胜于易胜者也"的含义

孙子的名言"胜于易胜者也""料敌制胜,计险隘远近,上将之道也"说的就是战略布局。换成现代文的意思是:在自己擅长的领域取得胜利。说到企业经营层面上就是：在本公司竞争力最强的领域（事业领域）里战胜对手。

在孙子的年代里，以下的战争情景曾经多次出现过。遭到敌国攻击的国家为了保卫领土奋起反抗，可没想到敌人却不堪一击，没几下子就开始逃跑。统帅就觉得利用这个机会不仅可以打败敌人，还可以顺便夺取敌人的领土，于是就大举反攻。

可进攻没多久就发现自己已经身处敌人的包围圈内，刚才敌人的败军只不过是诱饵，等发现这一点时已经太迟了，敌军伏兵四起，箭如雨下。又或是被敌军诱骗至山谷内，被左右两侧山上的敌人猛烈攻击，最后导致全军覆没。

日本也有"在自己家门口打败敌人"这样的谚语。从现代经营观点来看，在本公司最擅长的领域，合理分配经营资源，达到相乘的效果，从而确保自己在该领域的竞争优势。这就是最典型的战略布局。

多元化构思的工具——PM矩阵

PM矩阵是帮助经营者依据"本公司最擅长的领域，合理分配经营资源，达到相乘的效果"这一战略布局而做出决策的工具，构成要素是P（Product：产品或事业）和M（Market：市场或客户），无论从哪个方面都可以进行多元化战略思考。

例如，我们打算从P（产品或事业）着于考虑的话，利用已有的产品或技术优势，拓展未曾涉足的国外市场，可以获得新的业绩增长点。

反过来，我们对已有的M（市场或客户）进行深度开发，可以向客户提出有关新产品、新服务方面的建议，利用现有的销售网络实施起来事半功倍。

需要注意的是，随着多元化发展工作的推进，到达某个时间点之后，经营者会感到缺乏足够的发展空间，所以一般每五年就要对矩阵的内容进行一次修正。

在接下来的一章里我们将学习如何进行战略布局。"提问"中列举的都是曾经发生过的实例，祝大家在学习杂学知识的同时，能开心愉快地掌握经营管理战略的相关知识。

问题09

便利店行业的整体发展战略包括哪些内容？

安倍经济学自称是一种促进经济成长的战略，但事实上这一战略就是以毫无重点、全面开花的方式进行经济扩张而已，其指导思想就是个败笔。1993年10月发生的泡沫经济硬着陆就是当初全面开花式经济扩张的恶果。

接下来请大家思考：以"7-11"为代表的便利店行业这些年发展顺利，它们的整体战略被称为"最合理的战略"。请问这个最合理的战略包括哪些内容呢？

提示 发展战略包括三个方面：①扩大现有业务规模；②对高成长性行业进行先期投资；③是什么？

答案09

撤资和投资的新陈代谢循环

【解说】经营战略的本质就是"发展战略"

撤资与投资的新陈代谢循环是防止经营领域发生停滞老化,其目的在于提高投资的收益率,是卓有成效的发展战略。

提示①说的是扩大当前的业务规模,②说的是对有成长潜力的行业进行先期投资,从而扩大公司业务范围。这里需要补充的是③缩小或关停亏损部门从而提高整体收益率。这里说的缩小或关停也包括出售。

便利店行业一直坚守着自身的发展战略。例如:去年某公司新增加盟店为500家,实际情况是当年该公司新增加盟店800家,关停加盟店300家,扣除关停店铺数净增加500家。

东京的便利店据说有5万家,而与便利店类似的就是牙医诊所,读者们可以猜猜东京有多少家牙医诊所吧。实际上牙医诊所的数量居然是便利店的1.6倍,多达8万家!由于竞争达到白热化,东京平均每天有1家牙医诊所被关停。

只有严格贯彻战略发展的S&B（拆除与建设），才能摆脱亏损部门轻装上阵

S&B是支持发展战略的基础

战略的目的在于"保持长期竞争优势"，也是支持企业不断发展的基础。这也被称为"企业的发展战略"。企业依照既定发展战略，按计划对经营范围进行投资或撤资。通过投资开拓新的经营领域，同时通过撤资脱离衰退领域或公司宣布放弃的领域，阻止进一步浪费经营资源。

怎样才能做到摆脱亏损部门而轻装上阵呢？

一般事业部门的负责人很难开口说出撤销自己的事业部，可负责人也不能靠一直声称说下一个财会年度就能扭亏为盈来麻痹自己，这样下去迟早会出事。一个企业的事业部无法盈利未必是该部门领导的责任，有些投资项目从一开始就注定亏本，也许当初就是挑选了处于衰退期的行业。

便利店行业一直在严格贯彻S&B（拆除与建设）的战略，在不停地关停亏损店铺的同时，在具有成长性的地区开设新的网点。

发展战略的本质就是利用有限的资源获取最大的投资效果

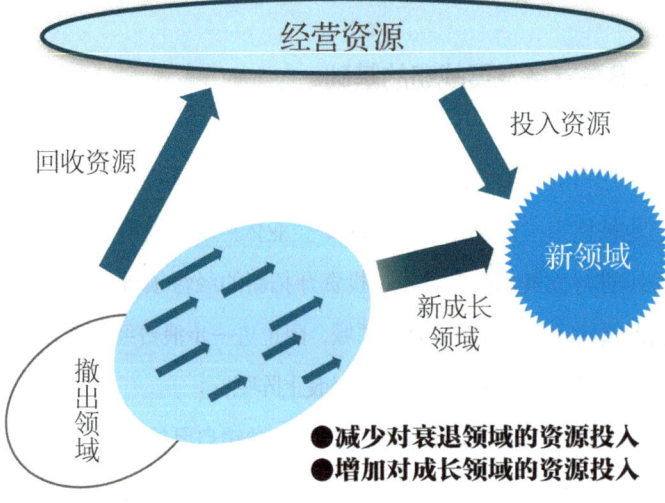

衰退领域　　　　　成熟领域　　　　　新成长领域
无利润领域

★ 公司整体战略是为达成发展战略而进行资源分配
★ 发展必须保证公司获利（并非盲目扩大经营规模）

问题10

苹果公司为什么能够做到引领世界潮流？

每当苹果公司发布新产品的时候，在让世界感到惊艳的同时，也创造出一个崭新的市场。iPod把音乐行业从CD直接带入网络音频、视频销售的时代；iPhone也彻底刷新了手机的定义。

苹果公司一直在贯彻引领世界的战略。为达成这一战略，不可或缺的要素是什么？

提示　引领世界潮流之前必须具备的是什么？

答案10

唯一性

【解说】占据压倒性的质量优势

在引领世界潮流之前必须具备的是唯一性。所谓唯一性就是在质量上实现压倒性优势。企业想在行业内具有唯一性,产品成为唯一产品,必须在差异化上做到极致才能占据压倒性的竞争优势。

例如,苹果公司、谷歌公司、微软公司等都属于唯一性企业。美国的股票市场被这些企业的业绩或动向所左右。一旦苹果公司出现亏损,美国股市立即出现波动。

只要成为业界的唯一性企业,引领世界潮流就是迟早的问题。最终成为领头羊时,企业的销售额(销售量)也会独占鳌头。

做好经营战略布局的三个步骤,你的公司就有可能成为领头羊

相似度很高的产品之间只有价格战

两家公司相似度很高的产品同时销售时,不用说也知道,客户肯定选择价格便宜的产品。而卖家心里也非常清楚,哪怕只是便宜一点点,都能击败对手提高销售量。一方开始降价时另一方只能跟风,甚至把价格压得更低;结果就是你来我往,展开一场血肉横飞的价格战。

企业拒绝卷入价格战的唯一手段就是产品差异化,也就是说让客户能一目了然地知道该公司产品与竞争对手产品的不同之处。在战略布局上还有另外两个步骤:选择与集中。三个步骤结合起来就是"选择—差异化—集中"。

战略布局的三个步骤的主要内容是,首先选择有竞争优势的突破领域,接下来考虑如何才能做到产品差异化,最后再集中投入经营资源,最终战胜竞争对手成为该领域的领头羊。

战略布局的基本要领是"在决定要做什么的同时也要决定放弃什么",也就是说选择突破方向明确战略目标,让自己的产品具有其他公司所不具备的优点,成为行业内独一份(在质量上处于绝对优势)的产品。

战略布局的三个步骤

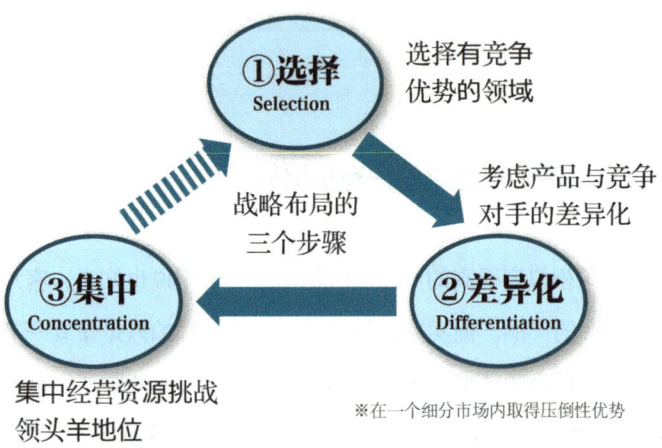

※在一个细分市场内取得压倒性优势

唯一性与领头羊

问：
- 想成为哪个领域的领头羊？
- 为了成为领头羊，该做些什么？

唯一性：	领头羊：
指的是"质"的优势	指的是"量"的优势

以成为"业界唯一性存在"为目标，最终有可能在该领域获得压倒性优势

问题11

软银公司投资或收购资金从何而来?

软银公司提出的新战略曾经震惊了整个世界。利用旗下的雅虎公司,在街头免费赠送雅虎BB机。通过收购移动电话公司沃达丰而设立软银移动公司。之后负责销售iPhone,也让日本的手机完成了具有日本特色的发展。此外还收购了名列第三的美国Sprint移动电话公司,成功打入美国市场。

在通信与网络领域取得巨大成功的软银公司的每个投资或收购项目的资金是从何而来的呢?

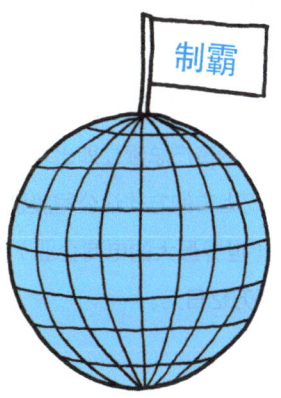

提示 软银公司很擅长筹集资金,其最得意的手笔就是用别人的钱收购自己的公司。

答案11

利用股票从股市筹集资金

【解说】占据压倒性的质量优势

软银公司筹集资金的关键在于它的市值很高。为了提高市值必须具备三个条件：

①顺利上市。只有上市才能通过债转股的方式从金融体系之外获得资金。

②维持高位股价。当股价处于高位运行时，接受融资时每股能获得更多的资金，而且债转股时股价处于高位也更容易获得资金。

③软银公司的真正实力在于通过对硅谷新兴企业的支援，以启动资金贷款换股票从而获得大量原始股。例如，当美国雅虎公司成功上市后，软银公司的资产总额立即出现了飞跃。到日本雅虎成立时，软银通过子公司上市的方式让公司股票市值达到新高峰。2014年随着阿里巴巴（世界最大的电商企业）的上市，据说软银公司的市值立即增加了5万亿日元。

问题12

电梯维修公司该如何开展多元化经营？

Hitachi Recruiting公司的主要任务是电梯的维护保养。但是2000年以后该公司也开始推行多元化经营。

请问：作为一个电梯维修公司该向哪个领域开展多元化经营呢？

提示 多元化经营的战略布局是：利用现有的经营资源及人脉，在能发挥出相应效果的领域开展业务。

答案12

给业主提供解决方案

【解说】发挥现有人脉与经营资源的相乘效果

在一个完全陌生的领域开展多元化经营（开拓新经营领域），不仅浪费时间和资金，而且成功率很低。开展多元化经营的关键在于找出能有效利用现有的经营资源和人脉，使其达到相乘效果的领域。

作为一个维修电梯的公司，所能拥有的经营资源和人脉只有接受电梯维修服务的业主。给这些业主提供装修方面的方案，在建立双赢关系（双方互利互惠）的同时也为自己创造了开拓新领域的机会。

业主面临的问题包括：①物业维修（包括清扫、保安业务等）；②物业改建；③包括利用节能灯降低客户成本之类的合理化管理业务。

Hitachi Recruiting公司通过在以上三个方面给业主提供解决方案的方式，开拓了"物业全面管理"这一新的经营模式。

问题13

"细分市场之王"成功的秘诀是什么？

位于大阪市的日东电工在包装用胶带、半导体周边材料、光学底片等细分市场独占鳌头，被誉为"细分市场之王"。一直以来该公司积极推进细分市场的多元化经营。到底它实现了哪些相乘效果才获得今天的成功呢？

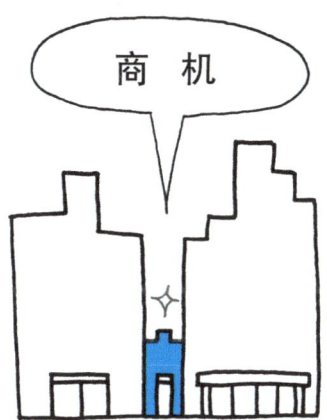

> **提示** 通过彻底发掘经营资源（人员、物资、资金、信息）与人脉（销售人脉、营业人脉），使其实现相乘效果。在多元化经营上该公司非常重视两大要素：①市场；请问②是什么？

答案13

T（技术）与M（市场）的相乘效果

【解说】利用"PM矩阵"进行多元化战略分析

进行多元化分析时，可从两个乘数中的任意一方进行战略分析。乘数①是P（产品或事业），乘数②是M（市场或客户），推行多元化经营的关键在于有效利用以上两个要素的优势。

日东电工用T（技术）代替上面的P（产品或事业），有效利用T与M的相乘效果，成功开拓了多元化经营领域。

日东电工推进"三开活动"构建多元化战略矩阵

日东电工的"三开活动"与15%、30%法则

在包装胶带市场上独占鳌头的日东电工公司,已经把推进"三开活动"当成日常工作的重点。所谓"三开"指的是:开发新产品、开创新市场、开拓新用途。

作为日常工作的标准,该公司还导入了15%、30%法则。该法则规定:员工必须把工作时间的15%用于新产品的开发或业务改善方面;在三年统计中,新产品比率必须占到30%以上。

正如上文提到,日东电工的多元化战略矩阵由"技术"和"市场"构成。从当前经营领域技术轴来界定多元化战略就是开发新产品;而从市场轴来界定多元化战略就是开发新用途。两轴的交汇点就是开创新市场。

根据以上战略,日东电工制订出15%、30%法则,在明确技术与市场的多元化关系的基础上,通过"三开"活动把多元化经营做到极致。

麦肯锡战略思考力

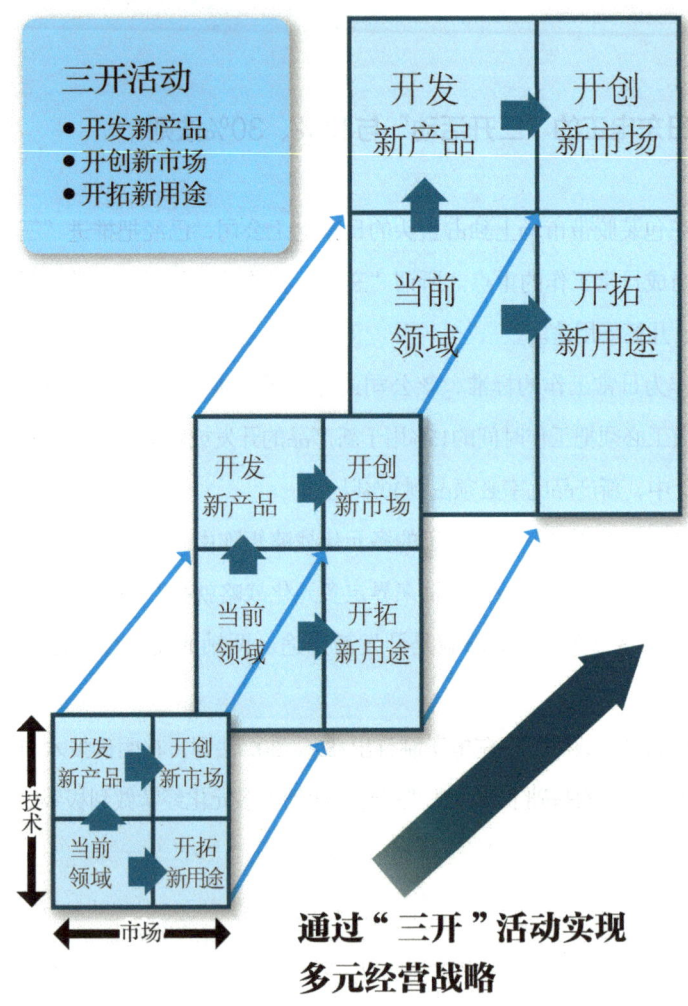

第二章 学习战略思考，先从战略布局开始

问题14

奥林巴斯用什么方法有效掌握环境变化？

已经占据全世界内窥镜70%市场的奥林巴斯公司，为了确立符合自身条件的发展战略，在掌握公司优势与劣势的基础上，在经营活动中做到扬长避短。为了随时掌握外部环境的变化情况，奥林巴斯公司以三年为单位，从两个角度对外部环境进行评估。请读者猜猜看：奥林巴斯为了有效掌握外部环境变化而采取的方法是什么？

提示 奥林巴斯公司采用了某个简易的战略分析法。

答案14

O（机会）与T（威胁）

【解说】SWOT简易战略分析法

这种简易战略分析法被称为"SWOT分析法"。它从S（优势）、W（劣势）、O（机会）、T（威胁）这四个角度出发，每个角度各写出十个项目，对公司所处的环境进行分析。

SWOT取自英语"优势、劣势、机会、威胁"4个单词的首字母。S（优势）、W（劣势）代表的是公司内部环境，正面因素归纳为优势，负面因素则归纳为劣势。

O（机会）、T（威胁）代表外部因素，包括竞争对手、顾客、市场、经济大环境，正面因素归纳为机会，负面因素则归纳为威胁。

只要花上一个小时就可以把以上内容归纳成一页，然后再召集部门相关人员开会，让大家弄清楚公司的现状。

巧妙运用SWOT分析与SWOT组合分析法，确定经营战略

SWOT组合分析法

SWOT分析是战略分析的常用方法之一，主要是对企业自身的优势、劣势和企业外部的机会、威胁现状进行分析。SWOT分析的主要目的在于让经营者找出"用优势克服劣势，利用机会战胜威胁"的战略。

在实施SWOT分析法时，使用SWOT组合分析可以让优势、劣势、机会、威胁的相互作用更明确。

在第53页图中左侧纵轴为优势、劣势，上方横轴为机会、威胁。将纵横轴的要素进行组合后就得出右下方的经营课题或工作重点等结论。例如，优势与机会组合（S×O）就可以列入今后的工作重点，可以让与会者一目了然。最后还要将工作重点进行优先度排序，对必须实施的工作项目进行标注。第一次完成分析需要90分钟左右，从第二年开始只需要对该表进行修正即可，每次所需时间不超过30分钟。

SWOT 分析实例

优势（S）Strengths	机会（O）Opportunities
○蒿叶糕销路很好 ○黄豆糕深受市场欢迎 ○与日本国内批发商关系良好 ○在亚洲国家建立了生产基地 ○从亚洲国家采购廉价原料 ○闲置资产很多（土地资源） ○扭亏为盈、股价高涨	○安倍经济学（日元贬值、经济成长、贷款容易） ○股价上涨、不动产涨价 ○消费者消费欲望不强 ○网络、智能手机、社交网络大发展 ○消费者对食品安全更敏感 ○亚洲市场发展迅速 ○外国出现日本点心热
劣势（W）Weaknesses	威胁（T）Threats
○缺乏便利店渠道 ○缺乏在亚洲国家的销售经验 ○多数产品保质期过短 ○缺乏高收入客户群 ○工厂加班多（人工费、水电费） ○属于劳动密集型行业	○价格战导致批发价格下滑 ○行业进入门槛低 ○石油价格上升导致运费上涨 ○消费税提升压迫收益 ○人工费上涨风险 ○亚洲国家自然灾害、政治动荡频发 ○西式糕点更受欢迎

SWOT 组合分析实例

	O：机会 ○安倍经济学（日元贬值、经济成长、贷款容易） ○股价上涨、不动产涨价 ○消费者消费欲望不强 ○网络、智能手机、社交网络大发展 ○消费者对食品安全更敏感 ○亚洲市场发展迅速 ○外国出现日本点心热	T：威胁 ○价格战导致批发价格下滑 ○行业进入门槛低 ○石油价格上升导致运费上涨 ○消费税提升压迫收益 ○人工费上涨风险 ○亚洲国家自然灾害、政治动荡频发 ○西式点心更受欢迎
公司外部环境（客户、市场、竞争、经济环境）／公司外部环境（公司自身条件）		
S：优势 ○蒿叶糕销路很好 ○黄豆糕深受市场欢迎 ○与日本国内经销商关系良好 ○在亚洲各国拥有生产基地 ○从亚洲国家采购廉价原料 ○闲置资产很多（工厂地皮） ○扭亏为盈、股价高涨	课题：S×O ○拥有销售量最高的三款产品 ○用"高级黄豆糕"拉开商品档次 ○经销商同意提供个性化服务 ○强化亚洲生产基地卫生管理 ○扩展日本点心的亚洲市场 ○通过债转股筹集资金	课题：S×T ○拉开"黄豆糕"不同产品的档次 ○加大西式点心更换换代的速度 ○改善乳蛋糊产品配方 ○做好亚洲生产基地的风险防范 ○削减生产成本 ○开发有价格优势的新供应商
W：劣势 ○缺乏便利店销售渠道 ○缺乏在亚洲国家的销售经验 ○多数产品保质期过短 ○缺乏高收入客户群 ○工厂加班多（人工费、水电费） ○属于劳动密集型行业	课题：W×O ○强化便利店销售渠道 ○利用网络促销 ○强化针对亚洲客户的产品开发 ○构筑食品安全形象战略 ○构筑高档日本点心战略 ○提出健康产品概念	课题：W×T ○明确国内重点营销地区 ○开拓亚洲市场销路 ○开发保质期长的产品 ○开发保质期长的产品 ○积极导入自动生产设备 ○提高工厂效率

问题15

新产品销售看好，总经理为什么会泼冷水？

提起柠檬热饮系列中最著名的就是热饮咖啡（POKKA SAPPORO公司产品）。公司创始人偶然在高速公路服务站喝到非常可口的热咖啡，就突发奇想，打算让每个人都来分享这种感动，并以此为契机成功创业。

某次，POKKA SAPPORO公司推出了新型大容量易拉罐咖啡热饮，市场销量一路看好。就在大家欢欣鼓舞的时候，总经理的一番话给大家当头浇了一盆冷水："新产品销路好值得表扬，但是要求你们立即调查是否会有新产品和我们的其他产品自相残杀的情况。"请读者考虑：一个公司的产品自相残杀是怎么回事？

提示 自相残杀翻译成英语是Cannibalization。

答案15

同类相食

【解说】某些情况下不必担心产品发生自相残杀现象

同类相食是市场营销的一个概念，指的是一个公司开发的新产品冲击了老产品的市场。

例如，当公司开发了包装量更大的产品投放市场，这样势必会导致先期进入市场的产品销售量下降。如果是瞄准竞争对手的产品开发大容量包装产品，一旦形成有效竞争，不单是新产品，老产品的销售量也有可能提高。因此在开发新产品时不能只关注新产品的动向，也要确保老产品的销路不受影响。

众所周知，苹果公司从来不在乎新老产品之间同类相食的问题。例如先期推出iPod之后，苹果公司又推出了具有iPod功能的iPhone，受此影响前者很快就撤离市场。如果推出的新产品有能力彻底占领市场，即使出现可控范围的自相残杀又何必在意呢？事实上，苹果公司推出的智能手机也是在打败了包括自家产品在内的传统手机之后占领了整个市场。

问题16

沃尔玛的分店选址战略有什么独到之处？

沃尔玛公司是排名世界第一的零售巨头,年销售额高达50万亿日元,在全世界拥有1 700多家分店。年增长率达到几个百分点,相当于每年增加一个7-11集团公司,真可以说它是一个超级巨无霸优质企业。

请读者思考:沃尔玛究竟采用的哪种有效的分店选址战略使其成长为世界零售巨头的呢?

提示 沃尔玛的分店选址往往在人口稀少、消费力匮乏的乡村地带,为什么沃尔玛选择这种看上去没油水的地方,不仅没有出问题,反而获得长足发展?

答案16

控制主导权战略

【解说】采用控制主导权战略提高发展速度

沃尔玛在乡村地带建设分店的标准是"16千米范围内必有沃尔玛",也就是说,消费者在16千米以内肯定能找到一个沃尔玛。

在乡村地带一旦有了沃尔玛,商圈内的消费者在体验过沃尔玛价格便宜、品种齐全的服务之后就会成为它的忠实客户。等竞争对手发现沃尔玛的商机之后再过来跟风时已经太迟了,原因在于在一个狭小的商圈内再开第二家超市的难度极大。通过这个方法,沃尔玛成功控制了美国乡村零售市场。

沃尔玛之所以能降低物流成本的秘诀在于,选择分店的时候就考虑构筑一个低成本运输网络,有意选择运输成本低廉的地点建立物流中心。在互联网尚未普及的时代,沃尔玛就已经建立起一个具有互联网功能的信息传递系统,利用通信设备就可在美国任何一个地方随时能看到沃尔玛每个分店、每个物流中心的库存情况。

问题17

有什么共同点？有什么不同点？

玩具反斗城、山田电气、淀桥相机城、青山洋服店所拥有的，但是永旺公司和伊藤洋华堂所没有的共同点是什么？

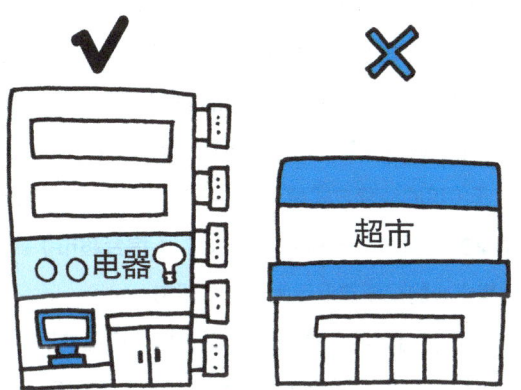

提示 请从它们销售的商品上考虑。

答案17

只经营一个类目的商品

【解说】"商品类目杀手"制胜法

共同点是前者把经营范围限制在少数商品类目（商品种类）上，做到经营范围内的产品品种齐全、价格低廉。这种经营模式被称为"商品类目杀手"。例如，玩具反斗城只经营儿童用品和玩具；山田电气和淀桥相机城主要经营家电产品；青山洋服店主要经营男士正装。把一切资源集中于少数几个商品类目上，就可以通过大量采购来降低成本。这种经营采购方式叫作"集团采购"。

另外，沃尔玛的经营方式被称为"零售中心"；在日本的永旺和伊藤洋华堂的经营方式被称为"GMS"（综合超市）。从概念上来说，零售中心的规模要远远大于综合超市。

由于"商品类目杀手"的出现，导致相关产品的利润越来越低，到最后家电、玩具和男士正装等种类的产品撤出GMS（综合超市）。

第二章　复习
从战略布局开始学习战略思考，你需要这样做

本章介绍了从战略布局学习战略思考法的方法。

为确保竞争优势，必须实现自己的产品与竞争对手产品的差异化。当客户体会到差异化的魅力并会为此而消费，就意味着保持了竞争优势。

战略布局分成三个步骤："选择—差异化—集中"。首先选择有竞争优势的突破领域，其次考虑如何实现自己的产品与竞争对手之间的差异化，最后集中经营资源夺取竞争优势。

慎重选择突破领域的原因在于：经营资源（人员、物资、资金、信息）是有限的，不选择一个目标集中资源，而是毫无目的地把资源各处分摊，结果只能是徒劳无功。哪怕是最小的差异点都有可能成为吸引客户的亮点，因此必须在选定的领域里尽全力争取竞争优势。

孙子曰："胜于易胜者也""料敌制胜，计险阨远近，上将之道也"，用今天的说法就是"在本公司最擅长的领域里和别人竞争"，也就是说把本公司最能获利的领域定义为"事业领域"，用心去经营。

日本也流传着这样的老话："在自己家门口打败敌人。"从现代经营观点来看，在本公司最擅长的领域，合理分配经营资源，达到相乘的效果，从而确保自己在该领域的竞争优势。这就是最典型的战略布局。

PM矩阵是帮助经营者依据"本公司最擅长的领域，合理分配经营资源，达到相乘的效果，实现多元化经营"这一战略布局而做出决策的工具，构成要素是P（Product：产品或事业）和M（Market：市场或客户），无论从哪个方面都可以进行多元化战略思考。能够有效利用现有的P、M资源，达到相乘效果，实现多元化经营就意味着在竞争中立于不败之地，最好每五年对公司的经营领域进行一次审视、调整。

第三章

**做好战略思考，
先要向经营战略大师学习**

跟波特、德鲁克、韦尔奇学习如何战略思考

本章的主要目的在于引导读者向经营战略大师学习战略思考法。在此着重介绍的是竞争战略大师迈克尔·波特、现代管理学之父彼得·德鲁克以及20世纪90年代最受瞩目的经营大师杰克·韦尔奇。

竞争战略大师迈克尔·波特

波特曾经用"任何企业都必须面对竞争"这句话揭示了竞争的重要性。适度的竞争可以提升产品或技术等级,使市场充满活力。

波特也对引发竞争的五种力量给出定义,称之为"波特五力"。具体内容包括:供应商议价能力、购买者议价能力、潜在竞争者进入的能力、同行业竞争者的竞争力以及替代品(产品或服务)的替代能力。

此外,波特还警告说:经营者没有充分认识到竞争的力量所在,就无法获得竞争优势。原因在于上述的波特五力都对盈利产生了直接影响,必须从中找出影响度大的两到三种力量,采取有针对性的对策。

德鲁克的思想

现代管理学之父德鲁克认为:所谓管理就是构筑一个能利用有限的

经营资源获取最大收益的组织体系。

德鲁克曾经说过:"无论多么优秀的个体都无法与优秀的体系抗衡。"把全世界最先进的零部件凑起来未必能得到一个全世界最优秀的产品。原因在于零部件之间无法相容必然会影响到整体的机能。零部件之间的联动出现问题时,产品组装都成问题。因此,如果打算生产全世界最优秀的产品,必须从产品的整体设计着手,找出符合设计要求的零部件。所以说:先有整体再有部分。

一个组织也一样,应该站在适合公司整体情况的基础上确立经营战略;再根据投入最小的经营资源获取最大收益的指导思想进行资源分配。

德鲁克现代管理理论与本书提到的战略思考不谋而合。从战略上来说"无论多优秀的战术都不是战略的对手",也就是说:先战略后战术。

20世纪90年代最受尊敬的经营者杰克·韦尔奇

通用电气公司是世界排行前列的综合企业巨头。杰克·韦尔奇在该公司连续担任21年（1981—2001年）的首席执行官（CEO），在20世纪90年代备受各界推崇。

杰克·韦尔奇有个外号叫"中子弹",意思是说他所过之处寸草不留。通用电气公司在其创始人——发明大王爱迪生的故乡本来拥有10万名员工,在韦尔奇就任后的第3年只剩下3万人。韦尔奇最著名的手笔就是，在他预见到无法战胜日本企业时，就把还处于盈利的彩电、蒸汽熨斗等企业纷纷出售，理由就是：趁企业还有收益更容易脱手，干脆连员工一起卖个好价钱。

通用电气公司把通过出售企业获得的巨额资金用于并购其他企业，据说前后共投入超过21万亿日元。他并购的主要目标是金融行业。就此，通用电气公司从一个机电（包括家电、重型机电）生产厂家摇身一变，成了以金融为主业的企业。韦尔奇判断出售或并购企业的标准是：放眼10年后哪些行业会发展，哪些行业会衰落。

相信不少人还记忆犹新吧，21世纪初期日本企业在电视行业遭到中国、韩国企业的重创，如果韦尔奇在日本的话，估计他会在2000年以前就把电视企业出售给中国、韩国的企业换个高价了吧。等到了亏本的时候再出售，估计只能折价甩卖了。

问题18

企业如何才能避免竞争？

大家是否曾为激烈的竞争而感到身心疲惫；是否也曾设想过：要是没有竞争的话生活该多么美好？虽然说过度竞争带来残酷的淘汰，但适度的竞争能促进企业自我改善与自我革新。

那么请大家思考：企业如何才能避免竞争？避免竞争之后怎样才能存活？

提示 怎样才能夺取战略优势，收获发展成果？

答案18

寻找适合公司现状的领域

【解说】任何企业都必须面对竞争

相信很多读者在激烈竞争的压力下身心疲惫不堪，遗憾的是，竞争战略大师波特说过：任何企业都必须面对竞争。即使是国营企业也无法规避竞争，即使能够在一个国家做大，但迟早会面对外国廉价而高质产品的竞争。

有没有更好的办法能轻松获得战略优势并收获成果呢？

大家可以从身处适者生存这样严酷竞争环境下的动物们身上学些技巧吧。例如，有些地理位置朝南背风有阳光，有些则朝北迎风阴森森，哪里更适合居住呢？哺乳动物一般会毫不犹豫地选择朝南的位置，有太阳光保温可以节约体力，也更容易繁殖后代。

与此相同，战略的基本目的也是尽可能回避竞争，确保公司能占领对自己有利的领域（包括地点、地区、专业、行业、居住地等）。这样就可以避免挑战严酷的自然环境，在适合自己的环境里呼风唤雨。虽然说不能完全避免竞争，经营战略的基本思想就是在自己最擅长、竞争最轻松的领域里展开竞争。

问题19

除了同行以外,企业还要面对哪些竞争对手?

笔者认为,家电市场竞争目前处于白热化的消耗战阶段。日本各厂家在平板电视市场里遭到三星、LG电子等韩国企业的迎头痛击;而苹果公司的iPhone则击败了旧式手机(日本式手机),独占了市场的绝大部分份额。

请读者思考:企业除了要面对同行的竞争之外,还要面对哪些对手?

提示 除了同行之外,企业还要面对四个竞争对手。

答案19

供应商、购买者、新进入者、替代品

【解说】竞争对手不仅仅是同行

波特提出了"竞争五力"这一概念。

第一力不用说就知道,是同行之间的竞争。

第二力是企业和供应商之间的竞争。企业为购买者,供应商为提供方,双方在价格上的拉锯战的结果就是提高企业的成本、压低购企业的收益。

第三力是企业与购买者之间的竞争。此刻的厂家成了供应方,经销商或用户则成了购买方。双方也是通过价格拉锯战,最终给厂家的营业额和利润造成压力。

第四力是潜在竞争者进入者与企业间的竞争。新成立的中小企业或国外企业进入市场,就会与既有的企业争夺销售额与利润。

第五力是替代品(包括产品或服务)与企业之间的竞争。例如智能手机的出现对旧式手机(日本特有机型)和个人电脑的销售造成巨大压力。既有同类产品与替代产品之间也会争夺营业额和利润。

现在已经容不得日本的家电企业之间继续内讧了,根据形势发展,企业间可以展开联合作战,齐心协力击败对手,共渡难关。

明白五大竞争力量,才能正确地构思企业战略

波特五力之间的关系就是争夺营业额与利润

所有的企业都必须面对竞争。围绕企业的竞争要因不仅仅是同行之间的敌对关系,五种竞争力量都有可能引发残酷而激烈的竞争,波特将其归纳为"波特五力"。

波特五力的主要内容如下:

(1)供应商的议价能力。
(2)购买者的议价能力。
(3)潜在竞争者进入的能力。
(4)同行业竞争者的竞争力。
(5)替代品(产品或服务)的替代能力。

1. 供应商的议价能力

第一力是供应商的议价能力。产品的稀有价值越高,当购买方提出压价时,供应方甚至会以停止合作相要挟。供应方对市场的垄断力度越大,提高产品价格的能力就越强。例如iPhone手机的价格一直很难降下来。

2. 购买者（客户）的议价能力

第二力是购买者（客户）的议价能力。客户的目的在于用尽可能便宜的价格买进优质的产品。在同时面对相同产品时，客户肯定会选择便宜的一方。

3. 潜在竞争者进入的能力

第三力是来自潜在竞争者进入的能力。新进入的企业越多，潜在竞争者的数量也越多，竞争压力也就越大。

4. 同行业竞争者的竞争力

第四力是同行业竞争者的竞争力。这也是众所周知的同行冤家之间的直接竞争。企业通过产品差异化竞争、价格竞争等手段，在有限市场里争夺市场份额（市场占有率）。

5. 替代品（产品或服务）的威胁

第五力是替代品（产品或服务）的威胁。本书中提到的替代品包括产品或服务。当比现有产品品质更优秀、功能更强大、价格更优惠的替代品出现时，既有产品的吸引力就会下降，除非投入比替代品更有吸引力的产品，否则既有产品的市场份额将被彻底抢占。

以上五种竞争力量无法明确界定哪个影响更大。这就需要企业经营者能审视、掌握企业的真实情况，有针对性地对影响最大的力量采取措施，提高企业自身的竞争力。

波特五力示意图

- 潜在竞争者进入的能力
  - 新进入者举例：
    其他行业竞争者进入、风投企业、外国企业
- 同行业竞争者的竞争力
- 替代品（产品或服务）的替代能力
  - 替代品举例：
    实体店被网店替代、显像管电视被平板电视替代
- 购买者（客户）议价能力
  - 议价能力举例：
    面对厂家的批发商、产品库存过剩时的客户
- 供应商的议价能力
  - 议价能力举例：
    英特尔、微软等超强企业

《竞争优势的战略》迈克尔·波特著（1985年）

波特五力示意图（美容院连锁店的例子）

找出两三个重要原因

- 潜在竞争者进入的能力
  1. 个人或企业开店。
  2. 大公司进入
  3. 国外公司进入
- 同行业竞争者的竞争力
  1. 其他连锁店
  2. 个体店铺
  3. 理发店（男性）
  4. 价格竞争、争夺客户
- 替代品（产品或服务）的替代能力
  1. 快速理发店（男性）
  2. 自行理发
  3. 自行染发
  4. 自行烫发
- 购买者（客户）的议价能力
  1. 寻找便宜的美容院
  2. 只剪发不美发
  3. 减少理发次数
  4. 砍价、优惠券
- 供应商的议价能力
  1. 租金上涨
  2. 工资上涨
  3. 设备、耗材涨价

问题20

麦当劳和莫士汉堡有什么决定性的不同？

麦当劳总是能找出不少噱头成为大家的谈资，例如用"100日元汉堡"来彰显其价格实惠，为了缩短客户等待的时间专门开发了找零机等，不断推陈出新，让人目不暇接。这里让大家猜猜：麦当劳其实测算过平均每名客户排队时间缩短一秒会增加一定销售额，这个增加的销售额是多少？另外，莫士汉堡的基本战略是绝不降价，还坚持只有接到客户订单后才开始制作汉堡，不介意让客户等待。

麦当劳和莫士汉堡存在着一个决定性的不同点，请问是什么呢？

提示 请从价格的角度思考。

答案20

成本领先战略和差异化战略的不同点

【解说】贱卖好还是贵卖好

麦当劳重视的是价格与速度。这种降成本、低价格大量销售的战略被称为"成本领先战略",目标就是成为行业里的成本杀手,实现低成本运作,即使廉价销售依然能获利。

与此不同的是莫士汉堡的着眼点在于质量,以此实现与同行的差异化。通过制造出与其他同行完全不同的产品魅力,即使再贵也能销售掉。这种战略被称为"差异化战略"。众多奢侈品生产商也采用了差异化战略,一个包包能卖出天价就说明这种战略是成功的。

可以说,麦当劳和莫士汉堡在战略层面完全相反。

前文提到的麦当劳减少排队时间的经济效益问题,麦当劳的理论是每人减少1秒等待时间,就意味着可以接待更多的客户。每天每个收银位置减少10秒钟的排队时间,据说一年可以增加数十亿日元的营业额。如果据此计算,日本国内3 000家麦当劳分店每天能多接待3名客户,每个客户消费额为500日元,一年下来能多销售16亿日元。

理解波特的三大基本战略,才能更好地构建企业战略

战胜竞争对手的三大基本战略

针对上文提到的五种竞争力量,波特也提出了战胜竞争对手的三大基本战略:

(1)成本领先战略。

(2)差异化战略。

(3)集中化战略。

1. 成本领先战略

这个战略的中心思想是:在行业内成为降低成本的领头羊,以展示在降低成本方面的管理魅力。只要在行业内做到最低成本经营,就可以在价格战中杀出一条血路。成本要降低至竞争对手无法获利或亏本的程度,而自己却依旧能够盈利。这种战略的另一个名称是:廉价盈利战略。

2. 差异化战略

这个战略的中心思想是:实现公司产品与竞争对手产品的差异化,

让客户感受到差异化的魅力,无论价格多昂贵都愿意消费。高级奢侈品品牌就是差异化战略的代表。

差异化的对象不仅是产品(包括服务),生产、销售、物流、售后服务等企业经营活动的各个环节都可以成为差异化的对象。例如,亚马逊和ASKUL公司的商品当日送达服务,可以说是物流行业的差异化。在销售方法上,很早以前出现的网络电商就是和传统销售方式的差异化,有效地提高了电商的竞争力。而便利店则利用地理位置和品种齐全来制造差异化。差异化战略的另外一个名称是:卖高价战略。

3. 集中化战略

这个战略与前面提到的战略不同,它的目标是狭小的地域市场。所谓狭小的地域市场指的是以专业产品、特殊客户、特殊地区为对象,根据情况综合采取成本领先战略和差异化战略,它往往是中小企业的首选战略。例如,以经营厨房用品为主的象印公司和虎牌公司,它们就是在专业产品上完全依据客户需求全力开发新产品。

选定一个公司发展战略并投入全部资源

波特建议企业经营者选择以上任意一个战略,彻底集中投入全部的经营资源。这就是波特的选择与集中理论。

为什么只能选择一个战略呢?波特认为,大范围的降成本和差异化其实是完全相反的战略,如果将经营资源平摊下来,往往会徒劳无功。经营者如果首鼠两端,结果给客户的印象就是不伦不类,很可能会招致这样的评价:"质量还可以,就是挺贵的,还是买别的吧。"

另外,在集中化战略上,为了防止出现半途而废的结果,在小范围内可以视情况采取成本领先战略和差异化战略。只有在小范围内才可能同时实现这两个战略。

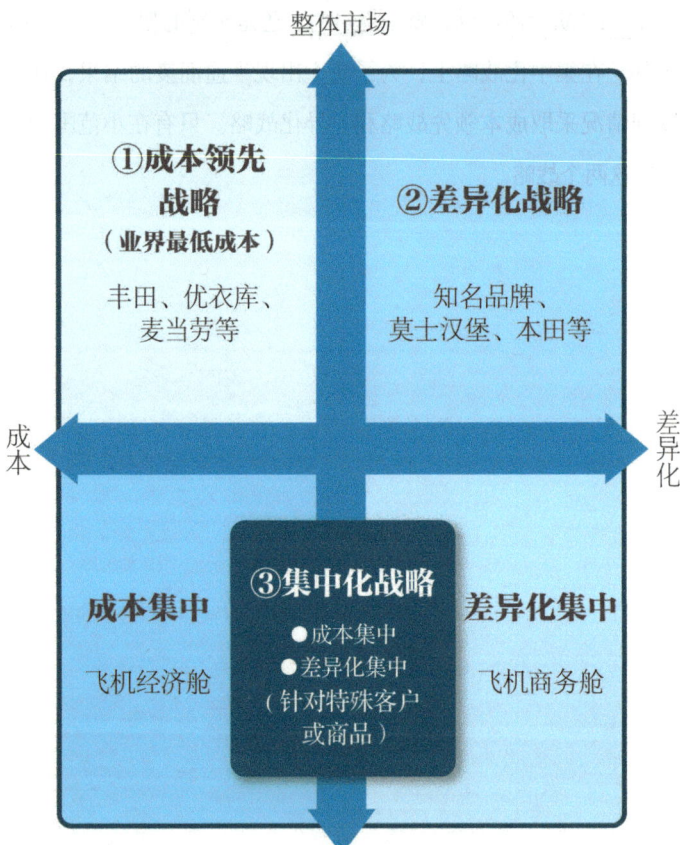

问题21

为什么优衣库要从生产到销售实施全盘管理?

　　优衣库公司从生产到销售都做到了全盘管理。在人工费便宜的国家完成生产,之后再把产品卖到全世界。

　　请问:为什么优衣库要全盘管理生产销售,委托给其他公司不是可以降低自身风险吗?

提示 服装行业的一个特征就是季节性产品过多,每当换季,就会产生大量库存。这种死库存对利润产生巨大压力,结果就导致一般服装行业的公司很难有长足发展。而优衣库公司针对这个问题构建了合理的管理体制。

答案21

为了削减整体库存量

【解说】供应链管理

产品从生产到销售的过程被称为"供应链",主要内容包括"原材料采购——生产(组装)——物流——销售"。

优衣库之所以全盘掌控从生产到销售的所有步骤,根本目的在于通过供应链管理(SCM)在确保产品质量的同时,有效削减各环节(工厂、物流、销售)的库存量。能够实现这一战略的保障手段就是网络即时通信。

通过公司直接管控工厂,使生产计划直接与销售数据连接,根据需要调整生产计划。由于销售数据能随时反馈至工厂,就可以避免工厂及其他环节的仓库出现积压现象。还可以即时掌握数据,在公司内部实现成本削减计划。

优衣库是服装行业首个成功建立起供应链管理体系的公司,这种管理模式被称为"产销一体化"(SPA)。在当今的服装行业内,产销一体化已经成为标准经营模式。

学习价值链,才能准确地构建企业战略

波特的价值链理论

波特针对竞争优势成立的必要条件提出了"价值链"这一理论。价值链指的是,产品从生产出来到被消费者购买为止,在各个环节产生附加价值的机制。基本上与供应链理论相对应。

所有的企业活动都是由一条价值链串在一起。例如在汽车行业里,原材料供应商、零部件供应商、组装厂、物流企业、顾客之间都被价值链连成一体。

与价值链相关的是五大直接经营行为和四大间接经营行为。

五大直接经营行为包括:"采购物流""生产制造""销售物流""市场营销""售后服务"。四大间接经营行为包括:"经营管理""人事、劳务管理""技术开发""资源调配"。

以上的这些经营行为构成了公司的经营基础业务。

通过对价值链的有效管控,可以创造出新的附加价值,从而在竞争中占据主导地位。例如永旺公司的PB商品价值链管理方式,就是原本作为市场营销的永旺公司参与生产、物流管理,把厂家与物流公司结合成一体,从而在竞争中占据了主导地位。

波特的价值链理论

					收
	公司层级管理				益
		人事管理			
		技术研发			
		物料采购			
采购物流	生产制造	销售物流	市场营销	售后服务	收益

- 每个公司的一切经营活动均由价值链构成一个整体。
- 在价值链中应追求附加价值最大化。

五大直接经营行为和四大间接经营行为

五大直接经营行为	解说
采购物流	采购产品的原材料、在库管理及送货等业务活动
生产制造	将原料转化为产品的业务活动
销售物流	产品包装、保管以及送抵客户方的业务活动
市场营销	向客户提供购买产品的方法及实施促销活动
售后服务	提高产品价值或维持产品功能的业务活动

四大间接经营行为	解说
公司层级管理	总公司管理、策划、财务、经理、法规、质量管理
人事劳务管理	招聘、训练、教育、提拔、人事管理
技术开发	商品技术、服务技术、信息技术、管理技术
资源调配	获得经营管理所需要的资源

问题22

丰田为什么要依赖直营方式?

丰田公司最著名的经营手法是直营方式。所谓的直营方式指的是,丰田公司从零部件供应商、组装工厂到销售网点,都是丰田直营的。请读者思考:丰田公司为何如此依赖直营方式?丰田和优衣库的经营方式有哪些不同点?

提示 家电企业在构筑直营店体系出现了失误,松下、日立、索尼公司都曾经和丰田一样,拥有自己的直营连锁店,但随着电器产品专卖店的出现而不得不放弃。

答案22

直营方式是零部件即时供给和掌握销售情况的保证

【解说】依赖直营方式的两大理由

丰田公司依赖直营方式有以下两大理由:

1. 更利于采购零部件。丰田公司通过直接管控零部件供应企业的方式,可以在任何时间获得足够的零部件。这就是丰田公司著名的TPS(丰田管理体系)中"Just In Time"管理方式。

汽车行业为了削减在库,只在需要的时间提供生产所需的零部件,并做到准时到达"Just In Time",这样就可以防止库存过多占用现金流。

2. 更利于掌控市场销售。由于丰田公司直接掌控着直营店和汽车销售人员,也就意味着掌握了市场销售行情,并能根据销售情况制订后续的生产计划。

目前,丰田公司的管理手法已经从准时到达(Just In Time)进化成了提前就位(Just On Time)。所谓的提前就位指的是,可预约还处于生产计划阶段的汽车,或者在汽车还未下产线即可提前订购。能实现这一切的关键在于丰田公司高度精确、缜密的TPS。

问题23

为什么做食品的乐天公司会做暖宝宝?

如果说到"不用火的暖宝宝"读者会想到哪个公司呢?年轻人估计没什么印象了,过去"乐天暖宝宝"名震天下。

为何做食品的乐天公司会想到做暖宝宝?大家是不是觉得有点风马牛不相及的感觉呢?

提示 在食品包装袋里,除了干燥剂还会加入脱氧剂,目的在于吸收掉包装袋内的氧气,防止食物变质。

答案23

在开发脱氧剂时的意外事件促成了新产品的诞生

【解说】创新的七种机会

乐天公司为了开发食品密封技术,对脱氧剂进行专项研发。当时认为,脱氧剂在封袋后可以吸收掉氧分子从而防止食物变质,但是没人注意到脱氧剂在吸收氧分子的时候会出现发热现象。某次,研究人员加大了脱氧剂的使用量,不料却因为产生高热而失火。受到这次事故的启示,研究人员突然想到了"不用火的暖宝宝"这一个产品。

德鲁克认为,有七种原因会引发创新机会。

有三种原因存在于企业外部:①人口结构发生变化;②对外界的认识发生变化。③新知识的产生。一个最有名的例子就是荣获诺贝尔奖的蓝色光二极管,促使LED灯的普及成为可能。而企业内部存在四种原因:①意外失败,乐天的暖宝宝就是从失败开发出来的;②瓶颈问题,无论是技术上、绩效还是观念上的瓶颈都是创新的机会;③市场需求;④产业结构变化,技术革新、中小企业、互联网等,能有效利用新生事物的就能引领新潮流。

问题24

太阳马戏团和澳大利亚葡萄酒有什么相同的战略?

太阳马戏团是在美国兴起的,不使用动物演员的马戏团。虽然在日本的演出已经停止,但在拉斯维加斯和中国澳门依然深受欢迎,已经到了不预约就买不到门票的程度。而澳大利亚葡萄酒庄新开发了"日饮葡萄酒",把过去的软木瓶塞改为铝制瓶盖等,彻底颠覆了葡萄酒对包装及品牌的传统概念。

请读者思考:太阳马戏团和澳大利亚葡萄酒拥有相同的战略是什么?

提示 关于它们共同的战略,请从大海的颜色方面考虑。

答案24

开发没有竞争对手的新领域

【解说】蓝海战略

开发没有竞争对手的新领域被称为"蓝海战略"。太阳马戏团就是开创了完全不使用动物演员的马戏团表演新领域。与此相同,澳大利亚葡萄酒庄则开发了"日饮葡萄酒"这种新思路,彻底颠覆了葡萄酒对品牌及包装的传统概念。

与蓝海战略相反的是红海战略。

红海一词的本意是"血海",指的是竞争出现白热化、血肉横飞的市场,参与竞争的企业在里面拼个你死我活、头破血流。

蓝海则代表的是没有血腥竞争、各种新兴事物都和平共处的市场。所以,在开拓市场的时候,更要注重开发没有竞争对手的新市场。

您所在的公司目前处于哪个海里呢?

巧用蓝海战略行动矩阵，寻找企业的蓝海市场

如何找到蓝海市场

想要找到蓝海市场就必须改变当前的战略思想。一般可以利用蓝海战略行动矩阵，采用"消除""减少""新增""强化"四种手段明确行动方向。

我们就以颠覆传统葡萄酒概念的澳大利亚黄尾袋鼠公司为例进行说明。在"消除"上，该公司取消了葡萄酒的术语以及表示等级、成熟度、巨额广告投入等要素。在"减少"上，该公司对醇香型、品种、葡萄园布局等内容进行了削减。在"新增"上，该公司加强与零售店的合作，把价格设定为平价葡萄酒的价位。在"强化"上，该公司加强了葡萄酒顺口感、易选择性、体验快乐与冒险等特点，让客户更能体会到购物的愉悦。

在拉斯维加斯深受欢迎的太阳马戏团推出的是没有动物演员参与的节目，新增了杂耍、杂技、歌剧和摇滚乐元素，其中还掺杂一些杂耍、魔术、高空秋千等特殊表演。在表演服装上也丰富多彩，极尽表现力。在表演节目中增加了生动的故事情节，在无声表演中获得了观众的感同身受。更重要的是，不使用动物演员可以大幅降低表演成本。

使用行动矩阵开拓无竞争的市场

行动矩阵（黄尾袋鼠的例子）

消除	新增
葡萄酒的专门术语 等级、成熟度分类 巨额广告投入	加强与零售店合作 价格设定为平价 葡萄酒的价位
减少	**强化**
醇厚及芳香型品种 葡萄园布局	易入口 易选择 体验快乐与冒险

开发市场新需求

行动矩阵（太阳马戏团的例子）

消除	新增
动物表演节目 盛装舞蹈 小商品销售 双舞台节目表演	具有代表性的帐篷
减少	**强化**
幽默喜剧节目 危险及刺激性节目	主体性 简洁的表演环境 节目数量 音乐及舞蹈的艺术性

问题25

杰克·韦尔奇在通用电气公司执行的是什么战略？

通用电气公司是由发明大王爱迪生创立的、世界排行第7位的综合企业。杰克·韦尔奇担任了通用电气公司的CEO21年,成为1990年最受尊敬的企业。在他任内的通用电气公司开始进军医疗器械、电力、飞机引擎等领域,到今天都是业界数一数二的企业。

韦尔奇到底在通用电气公司执行的是什么战略呢？

提示 不可思议的是,通用电气公司在它的经营领域中从来没有跌落到第三名。到底它是如何处理出现市场萎缩的行业的呢？又是如何从一个家电企业转变为一个金融巨头的呢？

答案25

产业的"重组""售出""关停"选项

【解说】M&A(合并与并购)+产业售出的发展战略

韦尔奇彻底实施的是"产业重组—产业售出—产业关停"这一战略决策,被称为"韦尔奇选择题"。

在产业重组方面,韦尔奇要求旗下企业必须以成为业界龙头企业为目标展开工作,实在无法成为龙头企业则彻底实现产品差异化,争当行业第二。

在产业售出方面,韦尔奇规定:凡是无法成为行业第二的企业,即使还处于盈利状态依旧售出。因为是盈利企业,售出价格必然很丰厚,可以用作进入新领域的资金。

在产业关停方面,韦尔奇决定:凡是无法售出的企业,即使赔钱也要关停。他绝不愿意看到公司为一个亏损企业不停输血的情况。

如上所述,韦尔奇把产业售出的资金均用于新产业的M&A(合并与并购)。其中最重要的就是通过并购金融企业,通用电气公司从综合电机行业跨入了金融业。之后,它的营业额与业绩飞速增长,最终成为超级工业巨头。

第三章 复习
向经营战略大师学习战略思考，你需要这样做

本章的主要内容是向经营大师学习战略思考。

波特在解释竞争战略的重要性时认为"任何企业都必须面对竞争"，并对此提出了五种竞争力量（波特五力）。具体内容包括：供应商的议价能力、购买者的议价能力、潜在竞争者的进入能力、同行业竞争者的竞争力以及替代品（产品或服务）的替代能力。企业必须从上述五种竞争力量中找出影响度最大的两到三项，并采取有针对性的措施。

蓝海战略的中心思想是"开拓没有竞争的新市场"，并警示读者：当今时代，在竞争极其激烈、血肉横飞的红海中存活的可能性不高。

现代管理学之父德鲁克认为：所谓管理就是构筑一个能利用有限的经营资源获取最大收益的组织体系。

德鲁克曾经说过："无论多么优秀的个体都无法与优秀的体系抗衡。"把全世界最先进的零部件凑起来未必能得到一个全世界最优秀的产品。原因在于零部件之间无法相容必然会影响到整体的机能。零部件之间的联动出现问题时，产品组装都成问题。因此，如果打算生产全世界最优

秀的产品，必须从产品的整体设计着手，找出符合设计要求的零部件。所以说，先有整体再有部分。

通用电气公司是世界排行第七的综合企业巨头。杰克·韦尔奇在该公司连续担任21年（1981—2001年）的首席执行官（CEO），在20世纪90年代备受各界推崇。

韦尔奇最著名的手笔就是，在他预见到无法战胜日本企业时，就把还处于盈利的彩电、蒸汽熨斗等企业纷纷出售，理由就是：趁企业还有收益更容易脱手，干脆连员工一起卖个好价钱。

通用电气公司把通过出售企业获得的巨额资金用于并购其他企业，据说前后共投入超过21万亿日元。他并购的主要目标是金融行业，由此通用电气公司从一个机电（包括家电、重型机电）生产厂家摇身一变，成了以金融为主业的企业。韦尔奇判断出售或并购企业的标准是：放眼10年后哪些行业会发展，哪些行业会衰落。

第四章

做好战略思考，
就要理解市场营销的本质

从市场营销的本质学习战略思考

市场营销这一概念是由现代营销学大师菲利普·科特勒提出的。简单地说就是"构筑有效销售体制"。

与市场营销相对的概念是销售学,它强调的是销售的作用,也就是说采用哪些手段尽可能销售现有产品,着眼点在于销售技能。

市场营销学的概念起步于产品开发阶段,以产品设计为起点,着眼点在于客户需要什么样的产品。

市场营销的机制

市场营销机制为"R—STP—MM"结构。

R的含义是"调查",指的是为确立市场营销战略而实施开展的信息收集工作。

STP的含义是"市场划分、目标市场选择、市场定位",指的是按照以上顺序选择目标市场,并实现产品差异化。

MM的含义是"营销组合",指的是合理组合与市场相关的产品、价格、渠道(物流、销售途径)、促销四大要素,建立有效的产品销售体系。

战略的关键是抓住回头客

市场营销学认为开发新客户是很重要的工作,但更重要的是抓住回头客。一般来说,新开发一个客户的成本是维护一个回头客的五倍。用最低的成本建立有效销售体系的关键就是回头客。澳德巴克斯公司就拥有许多抓住回头客的小窍门,在今后的篇章里会逐一介绍,请读者们仔细体会。

当然,在抓住回头客的同时也别忘了开发新客户。抓住回头客的关键在于顾客满意度这一重要问题。一名愤愤不平的客户可以把他对企业不满的负面消息传给至少11名潜在客户。

当今的网络社会,信息传播速度比以往更迅速,一名持负面想法的客户可以把负面消息传达给几十万或上百万人;再加上媒体的推波助澜,瞬间就可以扩散到全国各处角落,甚至可以逼得企业关门大吉。

品牌战略的重要性

什么是品牌战略?品牌战略的重要性是什么?

所谓品牌战略就是"高价卖出战略"。例如,一个高档品牌的钱包的价格能买一台冰箱;爱马仕的一个手袋就可以换一辆汽车。人类的价值观真是让人类自己都摸不着头脑吧。

品牌战略获得成功的标志就是,客户看见产品就知道它的品牌。例如,只要拿出手袋或钱包,立即就会被认出是"路易威登"的产品,这就是成功的品牌战略。它最大的特点就是绝对性的差异化,客户认不出的品牌就是个失败的品牌。

问题26

松本清药妆店与其他药妆店的经营领域和目标客户有什么不同?

松本清药妆店和其他同行有个完全不一样的特点。因为它们之间目标客户不同。受此影响,两者的经营领域也不一样。松本清药妆店在其战略的指导下,从500家分店快速发展成1 500家。请读者思考:松本清药妆店的经营领域和目标客户是什么?

提示 请仔细考虑松本清药妆店内的环境特点。

答案26

保健行业/年轻女性

【解说】站在LTV（生涯、时间、数量）的角度定位经营领域和目标客户

松本清药妆店的经营领域是"促进健康事业"。与其他药店给自己的经营领域定位为"治病"不同，松本清药妆店给自己的定位是让客户更健康。这样做的理由如下：以"治病"为中心的话，药品就会成为主角。受此影响，目标客户也会变成"中老年人"。而在市场营销学里有个专有名词：LTV（生涯、时间、数量），指的是一名客户的一生能消费多少金钱。从这个角度来看，年轻人能够贡献的金额远远超过中老年人。

因此松本清药妆店选择的经营领域是"促进健康事业"，营销重点又定位于心理健康。而对于女性来说，保持健康最好的方法就是"美容"或化妆，因为让自己更漂亮心情就会更好，也就能保持健康的心态。

说到这里读者们应该明白了吧，松本清药妆店的目标客户是年轻女性。年轻女性不太适应化妆品专卖店的氛围，正好成了松本清药妆店的目标客户。而且年轻人之间信息传达非常迅速，很快松本清药妆店就深受好评。曾经流行一时的"黑脸妆"背后的推手其实就是松本清药妆店！

根据市场营销学理论体系,做好战略思考

STP市场营销论

本章一开始曾经介绍过,市场营销战略的决策机制为R-STP-MM。R的意思是调查,指的是信息收集。

STP市场营销论指的是,明确市场划分、目标市场选择、市场定位等三个项目,从而选定目标客户。

首先要实施市场划分(S),也就是说依据产品的特性,把拥有相同的消费特征(消费欲望、兴趣或关注点)、客户需求、购买力等特征的客户归纳成一个市场板块。

完成市场划分之后实施目标市场选择(T),也就是决定经营哪个市场板块。根据以下三个标准选择目标市场:"市场规模及其成长性""市场结构的吸引力""公司的目标与资源"。

市场定位指的是,企业完成目标市场选择之后,根据既定市场找出自身产品与竞争对手的差异化特点。也就是说,企业要促使市场认识到自身产品的独特性。

市场营销组合

市场营销组合指的是合理组合与市场相关的产品、价格、渠道、促销四大要素，建立有效的产品销售体系的方法。

从产品的角度来说，必须明确客户的需求和自己该生产什么样的产品才能提高销售量，必须从产品设计时就开始思考。产品设计是市场营销的起点。

从价格的角度来说，完成产品设计之后，必须决定市场销售价格，关键在于能够让客户觉得物有所值。

从渠道（物流、销售途径）的角度来说，需要决定是在"哪里"实施销售和销售给"谁"。这个"哪里"还要考虑到从生产地点到客户之间的物流途径，而"谁"就是目标客户。

从促销的角度来说，一个成功的促销活动就是让客户知道产品的存在。简短地说，就是采用广告、推销员、促销活动等手段把相关的信息传达给客户。其中最重要的手段就是广告。

以上四项缺一不可，它们都是构成销售体系的支柱。

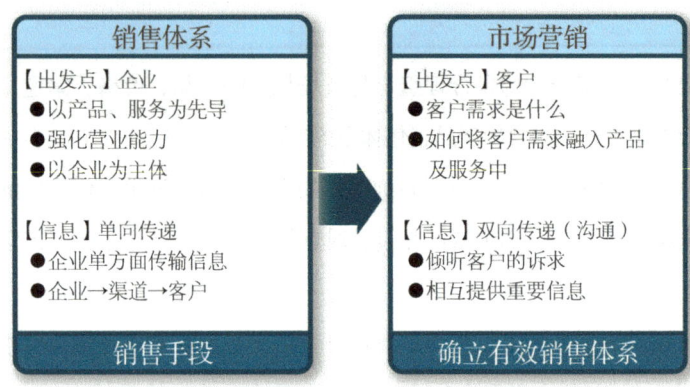

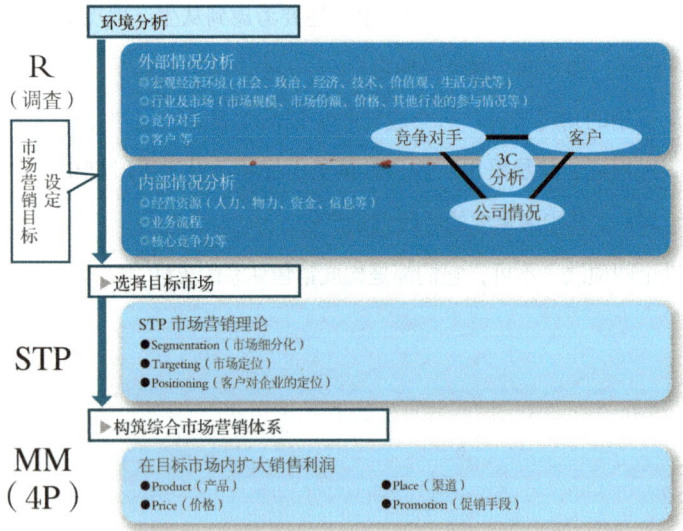

问题27

戴森公司的广告语有什么特点？

戴森公司是著名的吸尘器制造销售商，最擅长的就是产品广告中的概念炒作以及产品展示手法。无论是产品的设计、性能、轻量化等重要功能，该公司的促销人员都能给客户留下耳目一新的印象。

读者们还记得戴森公司促销时说过的广告用语吗？从中大家应该能体会到戴森公司广告团队的强大战斗力吧。

> **提示** 把产品的基本性能直接展示出来，同时让客户对戴森公司产品与竞争对手的不同点一目了然。

答案27

"世界唯一永葆吸力的吸尘器！"（例）

【解说】让人难以忘怀的广告语

戴森著名的广告语包括以下这些：

"世界唯一永葆吸力的吸尘器！"

"没有叶片的风扇！"

"吸力最强的吸尘机器人！"

在日本默默无名的戴森公司通过这些广告语把产品的知名度推上顶峰，吸引了众多客户的目光。事实上，"没有叶片的风扇"确实让人觉得很有趣。

笔者期待日本企业应该在差异化方面做出更多的努力，直到最近松下公司终于开始销售与其他公司存在明显差异化的吸尘器了。据说这是世界最轻、只有2千克重的吸尘器，送父母或太太肯定会让他们开心。笔者殷切希望日本企业能推出更多的差异化产品。

问题28

在陶瓷工业方面极具技术优势的日本碍子公司开发的高性能家用净水器为什么销量不佳？

为了防止高压线短路必须加装陶瓷做的绝缘体——碍子。日本碍子公司就是专门生产可以耐受100万伏超高压碍子的公司。此外，汽车排气系统的陶瓷尾气净化装置——三元触媒也是日本碍子公司的主打产品。由于在陶瓷工业方面具有极高的技术优势，该公司又开发了高性能家庭用净水器，不料销售情况却极其不理想。请读者思考原因是什么。后来日本碍子公司找到了合适的方法，使净水器销量大增。

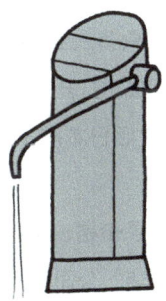

提示 长期以来，日本碍子公司一直与企业打交道，采用的是B2B（企业对企业交易）方式。

答案28

缺乏零售渠道

【解说】营销组合四大要素缺一不可

毋庸置疑，日本碍子公司在陶瓷技术上的高品质、高性能都经得起考验。问题在于，当初家庭用净水器销路不好的最大原因就是缺乏零售渠道。没有渠道，再优秀的产品也卖不出去。

在此以前，日本碍子公司主要和汽车制造企业、电力公司打交道，销售模式属于B2B。而家庭用净水器则属于B2C（企业对消费者）产品，需要直接面对消费者。

刚开始的两个月，日本碍子公司把净水器的销售委托给东急手创馆百货公司，每天的销量只有2台不到。后来救世主——一家名叫"目录商店"的邮购公司成功打开销路。邮购公司的强项就是销售渠道和举办促销活动。之后日本碍子公司净水器的销售顺风顺水。

销售组合四大要素（产品、价格、渠道、促销）缺一不可。这次日本碍子公司多亏"目录商店"公司弥补其销售渠道和促销的先天不足才能挽回损失。

第四章 做好战略思考,就要理解市场营销的本质

问题29

小松公司在巨型自卸卡车上增加了什么可以打败竞争对手的强大功能?

小松公司的拳头产品包括工程机械和类似在露天铁矿场使用的挖掘机、巨型自卸卡车之类的矿山机械。

在巨型自卸卡车上,小松公司新增了可以打败竞争对手的强大功能,请读者们猜猜是什么?

提示　铁矿3个山的巨型自卸卡车必须24小时运作,小松公司新增的功能可以让矿山开采方节约大量成本。

107

答案29

无人驾驶功能

【解说】让客户耳目一新的产品战略

小松公司采用遥控方式实现了巨型自卸卡车的无人驾驶。由于矿山都是24小时轮班,而巨型自卸卡车司机属于特殊技能工种,很难招到足够的人手不说,夜班还要支付夜班补助,属于高收入群体。小松公司根据客户需求,对巨型自卸卡车进行改良,实现了通过网络遥控无人驾驶功能,矿山开采方由此可以节约大量人工费。

为客户省钱,客户自然就会踊跃掏钱购买商品或服务。虽说追求产品的高性能也能拉住客户,站在客户的立场上开发降成本的功能也是一种与竞争对手的差异化。不单是商品,服务也要考虑如何促使客户自愿掏钱消费才是重中之重。可以说,产品战略包括商品与服务两方面的内容。

要想知道客户的需求,必须倾听客户的声音。让客户参与产品开发,才能制造出真正能符合客户需求的产品。这种做法被称为"产销一体模式"(客户参与新产品开发)。

让客户参与新产品开发,产销一体模式重构产品开发

产销一体模式的三大效果

所谓的产销一体模式就是让客户参与新产品开发,这种消费者参与产品开发的模式有三大效果。

效果1:在产品开发阶段就可以融入客户的需求。

效果2:在产品上市前就完成了体验测试。例如直接让客户试用,掌握第一手资料,依照客户的要求进行改善。

效果3:产品上市前就完成了重要的促销活动。例如通过命名征集活动提高产品的认知度。

今年,科特勒提倡的是"产销一体模式3.0",主要内容是提高网络促销的利用度。例如建立消费模式相近的消费者社交网站,直接听取客户的声音,征集新产品的构思等。客户"我想要这样的东西"这样一句简单的话,也许就会成为企业产品开发的新思路。

客户参与型商品开发（产销一体模式构造）

生产者与消费者合作开发

- 消费者提供产品思路
- 消费者参与产品规划
- 消费者参与产品改良，提出建议

【例】
- 通过社交网络收集信息
- 参与产品命名
- 将投诉反馈于产品计划上

第四章 做好战略思考,就要理解市场营销的本质

问题30

优衣库从廉价商品中挣到丰厚利润的秘密是什么?

让优衣库名噪一时的产品是售价1 980日元的T恤和羊毛衫,从此以后,优衣库就把全世界和全人类当成自己市场和客户。最显著的一点是作为一个日本企业,优衣库的办公语言居然是英语。

请读者们思考:优衣库从廉价商品中挣到丰厚利润的秘密是什么?

提示 连小学生都知道"利润=营业额-成本",请大家从"优衣库为了降低成本而采取的哪些管理方式"这个方向进行思考。

答案30

实现了低成本运作

【解说】用半价出售或超低价格抢占市场的价格战略

优衣库能够从低价格中盈利的秘密在于：实现了从生产到销售的整个产业链各环节的低成本运作。如果无法构筑一个能大幅削减生产、销售成本的管理体系，优衣库就无法从廉价商品中赚到丰厚的利润。

在生产成本管控上，优衣库的做法是把生产基地设于人工费低廉的国家，把销售市场定位于物价水平高的国家，从而实现了低生产成本。销售网点则瞄准客源丰富的繁华地段，实际上这样的地点吸引客源的能力其实更合算。通过以上的各种努力，优衣库的平均成本得到了有效控制。现在，优衣库开始关注具有强大吸引客源能力的购物中心、百货店，而这些机构也欢迎优衣库进驻，并提出了非常优惠的店租条件。那么，在物价便宜的国家，优衣库又是如何占领市场的呢？办法也不复杂，就是当地生产当地销售。比如，在孟加拉，优衣库甚至推出1美元T恤。

没有实现低成本就冒冒失失地降价无异于自杀行为。优衣库能低价盈利的关键在于实现了低成本运作。

问题31

汽车行业为什么不导入产销分离?

汽车制造商往往喜欢直营(或专卖合约)经销商。为了减轻管理成本压力,导入产销分离,也就是把销售业务独立出去会更好吗?

请读者思考:汽车行业为什么一定要拥有自己的直营经销商?

提示 例如:直营经销商在介绍产品的时候更专业、售后服务或零件更换更有保障,这些都是理由。但对于汽车企业来说,还有一个更重要的理由。

答案31

掌握价格控制权

【解说】防止过度压价的销售渠道战略

以丰田为首的汽车企业的强项之一就是：从生产到销售都采用直营店方式，通过直属的经销商可以对价格进行有效掌控。

请大家设想：如果经销商负责多个汽车品牌的销售业务情况会怎样。在经销商看来，销路好、利润高的车型才是宝贝，为了能让自己多赚一块钱，经销商就会向生产企业施压要求降价。一旦其他公司开始降价，本公司则不得不跟风降价，结果就是一场竞争激烈的价格战。家电行业的产品价格年年走低的原因就是价格战。

换句话说，放弃直营店模式就等于放弃了定价权。松下等家电企业以前也拥有过直营店，可随着家电专卖店的出现导致直营店的经营模式被破坏，最终的结果就是家电企业不得不面对激烈的价格竞争。

第四章 做好战略思考,就要理解市场营销的本质

问题32

卫视广告产品有哪些共同点?

经常收看卫视的人估计常常因为听到广告里高呼"某某全国第一"之类的内容而忍无可忍吧,这个"某某第一"估计把许多人的耳朵都磨出了老茧。

最近,健康食品和简易保险又成了卫视的主角,大家知道为什么吗?还有就是投入广告的资金到底能不能得到回报呢?

> **提示** 卫视和它的广告产品有各自的特点。而广告产品主要是化妆品、健康食品、简易保险等,请思考:它们的共同点是什么?

答案32

广告费低廉、廉价商品

【解说】通过强行促销的方式占领市场

由于卫视的广告费低廉，产品经销商均可以获利。据说，和传统电视台相比，卫视的费用仅仅是前者的十分之一。除了价格方面的原因之外，传统电视台对广告投放量（播放时间限制）有严格规定，而且对播放频道也有限制，经销方想提高广告投放量必须付出高昂的代价。

关于廉价产品如何获利这一问题，其实此类产品的成本更加低廉，虽然产品各有各的情况，但举个有代表性的例子来说，一个数千日元的健康食品的成本也许只有数百日元。另外，卫视广告中出现的基本上是小型产品，运输、仓储、包装等成本都不高。简易保险就更不用说了，连库存管理都不用，多几个参保人员也增加不了多少工作量。

总之，卫视广告里的大部分产品具有"生产成本占大头，其他成本极其低廉"的特点，这样的产品需要通过大量生产、大量销售的方式才能获利。所以说，厂家交给卫视的广告费很快就能得到回报。

第四章 做好战略思考,就要理解市场营销的本质

问题33

奢侈品的品牌战略最关键的是什么?

路易威登在日本属于著名品牌,深受消费者的喜爱。不少人自称是香奈儿迷,对香奈儿产品情有独钟。在中国,许多黄牛党(水客)会在中国香港大肆采购这些产品,然后带过海关,在中国内地高价出售。

请读者思考:品牌战略最关键的是什么?理由又是什么?

提示 请从以下答案中选择:①产量限制;②专卖店销售;③维持高价拒不降价战略;④只做女士产品,不做男士产品;⑤定位为男性赠送女士的礼物。

答案33

维持高价拒绝降价战略

【解说】高价销售的品牌战略

品牌战略的关键就是"高价卖出战略",所以问题答案选③。

选项①产量限制的目的在于提高产品的稀有价值,从而提高产品单价,最终的目的还是维持高价格。

著名品牌产品工厂直销店会被制造商限制在特定的区域,最著名的就是御殿场直销店,直到最近这样的直销店才开始接近城市中心地带。但是品牌生产商绝对不会允许直销店进入城市中心地带。

著名品牌生产商最成功的高价格战略是:占据国内最繁华的地段,开发品牌一条街;或者只把少量特殊赠品投放到最繁华地段的专卖店,制造出只能从那个专卖店消费才能获得某种赠品的局面,让客户感受到赠品的稀少价值,从而加强对该品牌的认同感。据说,路易威登就规定带特殊赠品的新产品只能在银座的专卖店销售。爱马仕带特殊赠品的手袋只能在百货店专柜(只对高收入者开放)才能买到。

第四章 做好战略思考，就要理解市场营销的本质

问题34

有什么不可或缺的服务可以抓住有车一族，让他们成为回头客？

澳得巴克斯公司为了抓住回头客采用了某种很有效的销售方式，这种方式对有车一族来说是一种不可或缺的服务。

它具有一个很重要的特点：越想保养好汽车，提高汽车使用率的人越离不开这种服务。由于这种服务价格低廉却能带给顾客实惠，部分加油站也开始效仿。

提示　不是免费洗车。这种服务曾经存在于很久以前的加油站。澳德巴克斯也做车辆检查，但答案不是车辆检查。

119

答案34

油品保管

【解说】抓住回头客战略

澳德巴克斯为了抓住回头客,专门导入了油品保管服务。油品保管服务指的是,一次性购买三次更换用的机油,这样下次客户再来的时候就不用考虑买什么,可以直接进行更换。对于用户来说,出于车辆保养和提高燃油效率等目的,定期更换机油是不可或缺的工作。

澳德巴克斯的油品保管服务吸引的众多客户,不仅使自己提高了收益,由于家庭出行的客户在更换机油的时候会光顾附近的商店或便利店,所以也惠及附近的商户。

抓住回头客这一战略是所有行业的基本战略之一。没有回头客就无法在长期竞争中保持优势。科特勒和德鲁克都认为,与开发新客户相比,抓住回头客更重要。

开发一个新客户所需成本是维持一个回头客的五倍,所以说开发新客户是很耗时耗力的事情。此外,回头客一旦流失还会影响到开发新客户的效果,因此,必须把抓住回头客当成重中之重。

第四章 复习
从市场营销的本质学习战略思考，你需要这样做

本章的主要内容是市场营销的本质。

市场营销可以说就是"构筑有效销售体制"。与市场营销相对的概念是销售学，它强调的是采用哪些手段尽可能销售现有产品，着眼点在于销售技能。

市场营销学的概念起步于产品开发阶段，以产品设计为起点，着眼点在于客户需要什么样的产品。

市场营销机制为"R—STP—MM"结构。R的含义是"调查"，指的是为确立市场营销战略而开展的信息收集工作。STP的含义是"市场划分、目标市场选择、市场定位"，指的是按照以上顺序选择目标市场，并实现产品差别化。MM的含义是"营销组合"，指的是合理组合与市场相关的产品、价格、渠道（物流、销售途径）、促销四大要素，建立有效的产品销售体系。

市场营销学认为开发新客户是一项很重要的工作，但更重要的是抓住回头客。用最低的成本建立有效销售体系的关键就是回头客。

当今的网络社会，信息传播速度比以往更迅速，一名持负面想法的客户可以把负面消息传达给几十万或上百万人。客户的负面情绪会导致企业损失众多回头客和新客户。因此，客户满意度是维持企业繁荣发展的必要条件。

所谓品牌战略就是"高价卖出战略"。品牌战略获得成功的标志就是，客户看见产品就知道它的品牌。例如，只要拿出手袋或钱包，立即就会被认出是"路易威登"的产品，这就是成功的品牌战略。它最大的特点就是绝对性的差异化，客户认不出的品牌就是个失败的品牌。

第五章

做好战略思考，
就要理解兵法的本质

从兵法的本质学习战略思考

《孙子兵法》是距今2500多年前中国春秋时代孙武的著作。可以说人类的战略史就是从兵法开始的。兵法与现代军事战略、经营战略一脉相承。

什么是不战而胜的经营战略

经营战略上的"不战而胜"指的是M&A（合并与收购）。为了避免出现激烈竞争，双方干脆合并成一家公司，组成一个互相取长补短的新经营组织。

从本质上说，M&A是用金钱换时间，在短期内实现多元化经营的重要手段。例如，收购一家从未涉足过的领域的公司，可以在短时间内让本公司获得技术、专利、客户、生产设备、信息等所有资源。在美国就有众多包括亚马逊、微软、谷歌等依靠M&A方式在短期内迅速崛起的企业。

拥有雄厚资金的企业采用M&A的优点

微软的主要产品是计算机操作系统（OS），为了保持产品的竞争优势，微软收购了众多硅谷的创业公司。请读者设想一下：假如允许创业公司开发出了与Windows操作系统类似的产品，会出现什么情况？如果不加干预，任其发展出实用化的电脑操作系统，必然会给Windows操作系统带来威胁，如果新操作系统成功申请专利，微软估计就要吃尽苦头。因此，趁创业企业还没开发出操作系统以前连专利一起先收购掉，就可以消除风险。而收购来的专利则直接束之高阁，这样才可以确保Windows操作系统的市场份额。

再举个极端的例子：资金雄厚的职业棒球队采用自由球员（FA）方式收购竞争对手球队的排名第一、第二的球员，即使该球员加盟之后没有耀眼的表现，至少削弱了竞争对手的实力，如果有耀眼的表现就是双重胜利。

什么是以弱胜强的战法

《孙子兵法》指出，以弱胜强的法则不外乎三个。

1. 取得局部优势

这指的是决胜的关键在于集中力量形成局部优势。相当于现代经营战略中的选择与集中的理论。兰彻斯特战略（详见第六章）也提出集中力量突击一点，与《孙子兵法》不谋而合。

2. 组建精锐部队

这指的是在向心力、机动力、斗志等方面做到以质胜量。相当于现代经营战略中的团队合作、快速反应工作小组。

3. 奇袭战

这指的是出其不意攻其不备，让敌人错估形势，军心大乱；或者采用佯动作战，释放假情报让敌人产生混乱，然后趁机攻击敌人的弱点。相当于现代经营战略中的差异化战略。即使是无名小卒，只要能推出让市场震惊的差异化产品，立即就会让市场产生混乱，击败强大的对手。戴森公司的"没有叶片的电风扇"应该算是商战里的奇袭战。

接下来让我们进入第五章，从兵法中学习战略思考。

第五章 做好战略思考,就要理解兵法的本质

问题35

亚马逊、微软、谷歌有什么相同的基本战略?

亚马逊、微软、谷歌等是美国有代表性的企业,这三家企业都在短期内获得急速发展。请问:它们相同的基本战略是什么?

提示　《孙子兵法》里的名言:不战而屈人之兵,善之善者也。

答案35

M&A（合并与收购）

【解说】《孙子兵法》的核心精神——不战而胜

亚马逊、微软、谷歌的战略就是M&A（合并与收购）。

据说，《孙子兵法》的作者是著名战略家孙武的弟子，所以开篇就用了"孙子曰"，最终通过弟子们的努力，战略大师孙子的伟大思想终能流传于后世。《孙子兵法》最有名的一句话就是"不战而屈人之兵，善之善者也"。意思是说，不经过战争就让敌人遭到失败，己方不仅不损失战力和财力，还可以俘获敌人的战力和财力。

从经营战略上来看，M&A就是属于不战而胜的战略。简单地说，M&A就是用金钱换取时间，从而实现企业多元化发展。例如，亚马逊通过收购物流公司，在短期内就成功构筑起物流网。日本的乐天也一样，通过收购四季旅行社，使乐天旅游公司能迅速启动。M&A是企业快速发展、扩大经济规模、实现多元化的最好手段。

此外，还有企业间的业务联合方式，通过业务联合组成双赢架构，互相取长补短。

问题36

为什么日本的土地所有者大多数在经营租赁公寓呢?

　　大东建托公司在日本全国负责约80万户的公寓租赁业务,可以说是日本房屋租赁的龙头企业。该公司通过"盘活闲置土地"获得不断发展。请读者思考:为什么日本的土地所有者的大多数在经营租赁公寓呢?

提示 某个对付国家政策的有效对策。

答案36

为了节约遗产税

【解说】有备无患

大东建托就是利用盘活闲置土地而获得长足发展，同时它也向客户提供节约遗产继承税的对策。这就是日本土地所有者多数经营租赁公寓的原因。

继承遗产的时候，净资产（资产−负债）成为课税对象。也就是说，净资产降低，遗产税金额也就减少。降低净资产的最简单的方法就是通过长期贷款增加负债。例如，建设2亿日元的建筑物并以土地为担保借入长期贷款，土地所有者立即就多了2亿日元的负债。

另外一方面，建筑物属于净资产增值，投入2亿日元建设的建筑物不会被按原价估值，依照税务制度只能按建筑材料的60%~70%计算，结果建筑物的最终估值大约在1.3亿万日元。

通过此种办法一下子就把净资产减少了7 000万日元。而且建筑物每年会折旧，也就是说每年会被减值。这样一来，净资产每年都在减少，在老年人看来，每年到手的公寓房租的魅力不亚于养老金。

第五章 做好战略思考,就要理解兵法的本质

问题37

为什么象印公司和虎牌公司从不涉足空调、冰箱等大型家电?

象印公司和虎牌公司是著名的厨房用品制造商。但它们从来不会涉足空调、冰箱等大型家电。请读者们想想其中的奥妙。

提示 请从某个战略的三大法则考虑。

答案37

彻底贯彻"夺取局部优势、组建精锐部队和奇袭战"三大法则

【解说】以弱胜强的三大法则

象印公司和虎牌公司严格贯彻《孙子兵法》提到的以弱胜强的三大法则。这三大法则就是"夺取局部优势、组建精锐部队、奇袭战"。

"夺取局部优势"指的是"在决定胜负的关键地点集中优势兵力",在现代经营学理论看来,兵力就是经营资源(人员、物资、资金、信息)。一旦发现能击败对手的突破口,立即集中一切力量进行突破。象印和虎牌公司就是把突破口放在了厨房用品上。

"组建精锐部队"指的是"维持小而精干的团队",并找出让精锐部队能发挥战斗力的地方。盲目扩大团队规模,无论有多少资源都不够用。

"奇袭战"指的是"出其不意,攻其不备"。也就是说,推出能够让市场感到震惊,让消费者觉得"这产品真棒!",能吸引整个市场注意力的产品。一旦觉得在哪里能夺取局部优势并加以实施,就会给客户留下极其深刻的印象。"象印的电饭煲""虎牌的电热壶"就是这两家公司给客户留下的强烈印象。所以,不要让客户认为本公司是"卖东西的",而是让客户直接联想到具体的产品。这才是集中一点、突破一点的成功例子。

第五章 做好战略思考,就要理解兵法的本质

问题38

阿米巴经营模式的特征是什么?

京瓷公司在陶瓷技术领域异军突起,被称为"不可能被打败"的公司。其实笔者在大学毕业时曾经考虑过在京瓷就职,但在最终面试的时候被问道:"我们公司是你的第一志愿吗?"阴差阳错的是,笔者当时居然脑子一短路回答说:"是第二志愿。"结果就没有被录用。当时京瓷公司股票已经是交易所里最耀眼的明星。

京瓷公司最著名的是"阿米巴经营模式"。请读者思考:这种经营模式的特征是什么?

提示 阿米巴是最小的独立生命个体。

答案38

维持独立结算的小管理组织体系

【解说】彻底挖掘小组织的潜力

阿米巴是最小的独立生命个体,在经营管理上的意思是独立结算的小型经营组织。即使发展成为大企业,京瓷公司依旧维持小管理组织经营方式,这样做的结果是京瓷作为大公司却依然保持了小管理组织的优点。

小管理组织具有五个优点:①命令能贯彻到位;②拥有强大的机动力;③成员之间有很强的连带感;④可以进行细节管理,防止有人搞破坏;⑤能够彻底发挥精锐部队的战斗力。利用小组织指挥大军团就可以做到永不失败。用人体来做比喻的话,就是可以保证每个细胞都被照顾到。

这种管理方法对产生效益的部门来说,判断收益绩效(营业额-成本)就很容易了。那么,非产生效益部门该怎么办呢?京瓷公司的采购部门会明确制订年度降成本目标,分析同比和环比成绩来判断员工绩效。在其他企业属于成本管控部门的采购部门,在京瓷公司则被定义为产生效益部门。

问题39

日本航空在申请破产前内部出现过什么重大问题?

日本航空(JAL)在2010年申请破产重组,连股票都被摘牌退市。幸亏京瓷公司创始人稻盛和夫伸出援手,日本航空才得以再次挂牌上市。

其实日本航空在申请破产前内部就出现了重大问题——发生在经营高层的一次事件。诸位读者还记得吗?

提示 在申请破产前几年,发生在董事会里的一次事件。

答案39

罢免社长事件

【解说】最高责任者与高层干部的对立导致公司瘫痪

全日空在申请破产重组的几年前,董事会曾经为罢免社长要求召开临时表决会(非正常程序的表决会)。几天之后,当时的社长宣布"绝不辞职",并直接否决召开这个临时表决会的提议。

就在这次事件后几年,全日空管理组织宣布解散的消息传得沸沸扬扬,当时执政的是民主党,相信不少读者对时任交通大臣的前原诚司议员为阻止这个解散决议而奔忙的情况仍记忆犹新吧。

一个组织走向败亡的征兆是很明显的,《孙子兵法》也断言国君与统帅相互对立是整个管理体系崩溃的原因。在孙子看来,全日空申请破产根源早在几年以前就埋下了伏笔。

请大家自审一下所处的公司是否出现最高责任人与管理高层之间存在对立的情况。高层之间的对立会导致经营决策出现偏差,无法做出关键性决策。或者决策成了管理层之间的角力场,即使做出决策都已经太迟了。

第五章 做好战略思考，就要理解兵法的本质

 了解管理体系崩溃的六种预兆，提前做好预防

组织出现混乱的预兆："走、弛、陷、崩、乱、北"

以下任何一种情况都预示着管理组织出现崩溃。

"走"的意思是"逃跑"，例如以一敌十的时候部队只能逃跑。

"弛"的意思是"松懈"，当管理者处于弱势，部下处于强势的时候，组织将出现松懈现象。

"陷"的意思是"陷落"，指的是管理者处于强势、部下处于弱势的情况下组织体系出现的败退。

"崩"的意思是"崩溃"，最高责任者和高层之间出现严重对立将导致组织体系崩溃，前文提到的全日空的事件就属于这种情况。

"乱"的意思是"混乱"，最高责任者犹豫不决则导致组织体系出现混乱。

"北"的意思是"败北"，由于最高责任者做出错误决策导致整个组织体系败北。

诸位读者所就职的公司是否出现以上征兆呢？所有的管理组织都有可能出现以上六种情况，所以每个人都应该在平时小心戒备。一旦管理组织出现问题，即使有再好的战略也无济于事。让组织保持稳定，把所有人统合成一个整体才是健全的经营管理组织。

管理组织崩溃的六种预兆

失败方式	解说
走	以寡击众。 "走"的意思是"溃败逃亡"
弛	管理者处于弱势而部下处于强势。 "弛"的意思是"管理松懈"
陷	管理者处于强势而部下处于弱势。 "陷"的意思是"出现败退"
崩	最高责任者与管理者之间发生对立。 "崩"的意思是"崩溃"
乱	最高责任者优柔寡断。 "乱"的意思是"混乱"
北	最高责任者做出轻率的决定。 "北"的意思是"败北"

第五章 做好战略思考,就要理解兵法的本质

问题40

"选择与集中"的过程中,选择包括哪两方面的内容?

在战略布局中曾经讨论过"选择与集中",意思是在面对竞争压力的领域里选择突破点,然后集中经营资源夺取战略优势。而战略布局的决策包括三大步骤:选择—差异化—集中。

请读者思考:选择包括哪两方面的内容?

提示 一个是"决定该做什么"。

答案40

决定不该做什么

【解说】选择的主要内容就是"该做什么和不该做什么"

决定该做什么的同时，也要决定不该做什么。如果公司管理层总是抱着"实在是不放心，把这个也做了吧"这样的想法，公司想盈利是难上加难。

一个健全的管理组织应该把有限的经营资源集中在投资效果最好、收益最高的地方。如果经营者有意无意忽视了经营资源的有限性，必然会导致资源浪费。

即使经营者多么热切地期盼能投入经营资源赚到钱，可惜投资不是立竿见影的事情，短期内无法实现盈利目标。同样，每雇用一个人员公司就要负担他的工资和相关的固定费用，所以新增人手并不是随便可以决定的事情。一旦决定做什么，很可能就意味着也决定了不做什么。用我们生活中的例子来说，假设手头只有10万日元，可家里需要买的东西有冰箱、计算机、电视，如果决定用这10万日元买了冰箱就意味着无法购买其他东西。也就是说，决定买冰箱就意味着决定不买其他东西。

企业在经营中决定撤资也是一种选择，撤资的意思就是今后不再做这个行业，因为经营资源有限，盲目地全面开花就意味着这个企业的战略缺位。

第五章 做好战略思考,就要理解兵法的本质

问题41

软银公司的股票资产大约是多少?

软银公司筹集资金的能力确实独步全球。在出售YahooBB的时候软银公司还有赤字,现在已经进入盈利状态。

这多亏了孙正义的战略指导能力和经营手腕。软银公司从其他渠道获资金的秘密在于掌握了众多创业公司的IPO(上市股),因此股票资产已经变成了一个天文数字。

请读者们猜猜:软银公司的股票资产大约是多少?

提示 软银公司的股票资产包括:美国雅虎、日本雅虎等公司的股票,还包括2014年9月上市的阿里巴巴的股票。

答案41

10万亿日元

【解说】识众寡之用者胜

2014年10月,软银公司的股票总资产高达10万亿日元。据说仅仅是2014年9月挂牌的阿里巴巴(世界最大电商)就为软银增加了5万亿日元的股票资产。软银公司在阿里巴巴上市前就大量收购IPO(上市股),投入的资金仅为20亿日元。随着阿里巴巴成功上市,软银公司的股票资产立即扩大2 500倍以上。

软银公司就是通过收购创业公司的IPO原始股获得巨大的财富。IPO的意思是"首次公开募股",指的是新上市的企业股票。软银公司第一次通过IPO获利的就是美国雅虎公司的股票,此后有日本雅虎等。软银公司在一连串的创业公司上市中获利丰厚。

拥有庞大的股票资产就可以保证本公司的股价稳定,再通过债转股可以获得巨额资金,同时还可以提高在金融企业的信用度。软银公司就是通过这样的手段拥有了雄厚的资产和筹集资金的能力。

问题42

7-11公司与丰田公司各自强大的敌人是谁？

在便利店行业里的龙头企业是7-11公司，据说所到之处无人能敌。其实7-11公司有一个强大的敌人。同样，汽车行业里的龙头企业是丰田公司，也据说是打遍天下无敌手，其实丰田公司也有一个强大的敌人。

请读者们思考：它们的敌人是谁？

提示 敌人未必只在外部。

答案42

"7-11公司"和"丰田公司"

【解说】不可胜在己,可胜在敌

失败的原因在于自身,胜利是因为趁敌人灭亡的时候发起攻击而已。

一旦成为龙头企业,许多破绽就会暴露于光天化日之下。相扑界有个说法叫"侧面防守不足",意思是手臂与腰部出现破绽,被对手抓住了围腰带。从经营管理的角度来说就是"破绽百出,到处都会被攻击"。

也就是说,"7-11公司最大的敌人就是自己",千万别被已经取得的胜利冲昏了头脑,不保持进取精神迟早会被击败。这一点需要高层自我警醒。

同样,对标榜"成为受同行尊敬的企业"的丰田来说,最致命的强敌也是丰田自身,一不小心就自己把自己带进死胡同。

《孙子兵法》认为:"不可胜在己,可胜在敌。"与到处打胜仗的公司相比,立于不败之地的公司才真正可怕。

知道胜利的五种条件，是战略构思的基础

胜利的五种条件

要想获得战略上的胜利，企业必须集中经营资源，提防发生败局的六种预兆，这是取胜的先决条件。具备以下五种条件的一方将获得最终胜利：

（1）知可以战与不可以战者胜。

（2）识众寡之用者胜。

（3）上下同欲者胜。

（4）以虞待不虞者胜。

（5）将能而君不御者胜。

失败的原因在于己方

《孙子兵法》认为"不可胜在己，可胜在敌"，把成功和失败的原因明确区别开来。

我们往往只考虑怎样才能取胜，反而对如何才能保持"不败"的态势不加考虑。

真正失败的原因不是敌人过于强大，而是高估了己方的能力，导致因过于自信而失败。大家都知道防御是最好的进攻，放在经营关系学上就是掌握本公司的优势和劣势，找出适合自身实际情况的经营目标。

当前的世界已经从"决胜式经营"进入了"不败式经营"的时代。不败式经营指的是脚踏实地的经营理念，无法经受住竞争对手的多方冲击就不能算脚踏实地的经营。此外，还应准备好应对环境变化的预案，只有顺应社会变化才能保证公司立于不败之地。

胜利的原因在对手内部

《孙子兵法》认为：我方获胜的原因不在我方，而在于对手内部。意思是说，我们付出努力未必就能争取到胜利，应该耐心等待对手失误而出现的胜机。因此没有必要为了取胜而过度投入兵力。

让对手出现混乱自行败走是获取胜利的重要手段。日本战国时代有个诸侯叫毛利元就，他最擅长的手段就是派间谍散布假情报，引发敌人内部混乱，削弱敌人的实力，趁机寻找击败敌人的机会。攻击敌人（竞争对手）的弱点、疏忽、破绽，使敌人军心动摇是一种有效的制敌手段，也能最大限度地避免我方兵力损失。

同时，规避敌人的攻击也是重要的战略手段。指挥员应尽量避开与敌人的正面交锋，让敌人的攻击落空。在公司经营层面上，例如强化本公司的品牌优势，尽力在我方的主场与对方展开竞争，这也是避敌锋芒的一种手段。

第五章　做好战略思考，就要理解兵法的本质

夺取胜利的五个条件及败因与胜因

夺取胜利的五个条件

（1）知可以战与不可以战者胜。
（2）识众寡之用者胜。
（3）上下同欲者胜。
（4）以虞待不虞者胜。
（5）将能而君不御者胜。

"败因己"与"胜因敌"

"败因己"
- 败因己→明白本公司的长处和短处，力争成为不失败的企业！
- 真正失败的原因不是敌人过于强大，而是高估了己方的能力，因过于自信而导致失败。
- 防御是最好的进攻。

"胜因敌"
- 胜因敌→寻找战胜敌人的机会，发动进攻！
- 胜利的原因不在己方，而在敌人内部。
- 不必为夺取胜利而贸然行事，而应耐心等待敌人的溃败。
- 扰乱敌人，让敌人不战而败（计策）。
- 攻击敌人的弱点、疏失、破绽，使敌人（竞争对手）出现混乱，以最小的投入获取最大的胜利。

第五章 复习
从兵法的本质学习战略思考，你需要这样做

本章的主要内容是兵法的本质。

《孙子兵法》是距今2500多年前中国春秋时代孙武的杰作，人类战略的历史就是从兵法开始的。《孙子兵法》中提到的"不战而胜"在经营学领域就是M&A（合并与收购）。为避免敌对双方因消耗战而两败俱伤，干脆合并成为一家公司，形成一个具有互补关系的新组织体系。

M&A被称作是用金钱买时间，可以让公司迅速实现多元化经营的最好方法。例如，收购未曾涉足领域的公司，可以在短期内让本公司获得相关的技术、专利、客户、生产设备、信息等需要长期累积才能获取的资源。

微软为了保持本公司在软件领域中计算机操作系统（OS）的竞争优势，曾大肆收购硅谷的创业企业。目的在于趁那些创业企业还没能开发出新的操作系统之前就将其收入囊中，可以保证自己的操作系统一方独大，在威胁没有成形以前就把创业公司连专利一起收购并将其打入冷宫，就可以保证Windows操作系统的市场份额。

《孙子兵法》指出，以弱胜强的法则不外乎三个。

（1）取得局部优势，指的是决胜的关键在于集中力量形成局部优势。相当于现代经营战略中的选择与集中的理论。

（2）组建精锐部队，指的是在向心力、机动力、斗志等方面做到以质胜量。相当于在现代经营战略中的团队合作、快速反应工作小组。

（3）奇袭战，指的是出其不意，攻其不备，让敌人错估形势，军心大乱；或者采用佯动作战，释放假情报让敌人产生混乱，然后趁机攻击敌人的弱点。相当于现代经营战略中的差异化战略。

第六章

做好战略思考，就要理解兰彻斯特战略的本质

从兰彻斯特战略的本质学习战略思考

兰彻斯特战略是从第一次世界大战期间,战斗机技师F. W. 兰彻斯特构筑的兰彻斯特法则发展而来。为了构建一个投入兵员数、武器性能与获得战果之间的数学模型,兰彻斯特经过多方研究,从中总结出了"兰彻斯特法则"。

兰彻斯特法则也是OR(战术研究)理论的鼻祖。在第二次世界大战中,美军应用兰彻斯特法则取得了众多战术成果。例如,面对日本性能优异的零式战斗机,美军提出以三对一的战术,给日军造成重大损失。

日本已故的管理咨询师田冈信夫先生在研究兰彻斯特法则之后,构筑了"获取销售竞争优势的理论及实际操作"这一理论体系。简单地说,兰彻斯特战略发源于英国,完善于日本。

攻敌所长还是攻敌所短

兰彻斯特战略的着眼点放在进攻一方,在此与诸位读者分享一些基本内容。

首先我们需要面对的是"攻敌所长还是攻敌所短"这个选择题。进攻敌人弱点可以理解为"避实击虚法则"。例如,你想和能说会道的上司抗争，那就要好好想想"是该和他争论还是该换种方式"这一问题吧。详细情况请看后面的内容。

在想获得胜利的战场必须投入敌人三倍的兵力，这就是著名的"三一法则"。第二次世界大战中，美军为了对付性能优异的日本零式战斗机，把三架战斗机编成一个小队来对付一架零式战斗机，这可以算得上是三一法则的最初应用。结果无论性能多优异，一架零式战斗机也无法同时击败三个对手，因此，也有人把"三一法则"称为"以多打少法则"。

此外，兰彻斯特战略中还有"石头布剪刀理论""双眼构造理论"等很有意思的内容。

日本最高的山是富士山，请问第二高的是哪座山？

日本最高的山是富士山，可是第二高的山却几乎无人知晓。读者也会很好奇吧，别着急，等一下您就知道答案了。

兰彻斯特战略的另一个重点是"第一位主义"，无论多么狭小的领域，企业都应努力成为行业里的领头羊。切下某个市场最大的蛋糕，就意味着掌握了该市场的支配权。例如奥林巴斯就占据了内窥镜市场70%的份额。而日本的利库路特公司成了住宅求职信息行业里的老大。

第一位和第二位之间的差距远远超出我们的想象。在一个行业里，第一位和第二位之间的地位差距非常巨大。当第一位占据50%以上市场时，则处于绝对优势地位。

例如，在面包行业位于第一位的就是山崎面包，而从第二位再往下的各企业只能跟着第一位的势头亦步亦趋。

兰彻斯特法则有许多非常有趣的观点，请各位读者仔细体会吧。

问题43

市场竞争中，弱者应当采用什么战略呢？

优衣库采用的是"强者的战略"，这也是在一个行业占绝对优势的企业往往会采用的基本战略。在世界成衣行业里企图独霸天下的优衣库采取了众多有效的竞争手段，其中一条就是在世界各国的繁华地段设立旗舰店（起到当地领军作用、规模巨大的分店）。例如美国纽约的曼哈顿、巴黎的香榭丽舍、日本的银座等都有其身影。

那么，请大家设想下：弱者应当采用什么战略呢？

提示　不用说，缺乏资本实力就无法实施全面开花战略。

答案43

"局部战争""攻其一点""单挑""肉搏战""伴动作战"等游击战术

【解说】弱者的战略与强者的战略

兰彻斯特战略把基本战略分成"弱者的战略"和"强者的战略"两大内容。所谓的弱者的战略就是行业里的亚军或排名更靠后的企业应采取的战略。而强者的战略则是冠军企业的常用战略。

从根本上来说,弱者的战略其实就是典型的"游击战术",在有限的领域神出鬼没地打击敌人。具体来说有五种基本战术:"局部战争""攻其一点""单挑""肉搏战""伴动作战"。

与此相反,强者的战略就是"饱和攻击",做法与弱者的战略完全相反,包括"全面战争""总体战""以多打少""远攻""正面突破"等基本战术。强者的战略的要点是"速战速决",原因在于需要投入大量经营资源支持饱和攻击,如果无法在短期内完成战略目标则会导致资源枯竭无以为继。

第六章 做好战略思考，就要理解兰彻斯特战略的本质

 学习弱者的战略与强者的战略，才能正确地战略思考

游击战是弱者的战略

兰彻斯特法则分为两大方面，第一法则被命名为"弱者的战略"，第二法则则被命名为"强者的战略"。因为大部分企业是弱者（在行业内排行第二或更低），所以弱者的战略在当今社会大行其道。如果弱者勉强去模仿强者战略，很可能会造成经营资源得不偿失的结果。

简而言之，弱者的战略就是"游击战"，小步快走，积小胜为大胜。主要战术包括"局部战争""攻其一点""单挑""肉搏战""佯动作战"等五大法则。

局部战争指的是在目标市场定位上要注意选择"有限地域、有限范围"。在一个有限的市场内，即使是弱者也有可能集中投入足够的经营资源，展开有针对性的竞争。

攻其一点指的是一旦决定目标就要毫不犹豫集中全部资源，即使是小公司也能在一个具体的目标点上与强者一决胜负。

所谓"单挑"，指的是避免受到多数敌人的攻击，在一对一的战场上，一个一个击败敌人，积小胜为大胜。否则，因为弱者无法做到及时且频繁回收投资收益，很有可能在取得胜利之前就耗光了体力。

"肉搏战",指的是无论是客户还是竞争对手,弱势的一方更要主动积极和对方面对面沟通,以便掌握新的竞争动向,采取有针对性的对策。

最后的佯动作战指的是做好保密工作,甚至释放假情报、假信息让竞争对手出现混乱,用神出鬼没的战术击败对手。

饱和攻击是强者的战略

兰彻斯特第二法则的强者的战略就是饱和攻击,基本战略与弱者的战略完全相反。

全面战争,指的是为了尽可能获得收益,强者必须在世界市场这个广大的区域与对手展开竞争。

总体战,指的是用品种丰富的产品和加速产品更新换代占领市场、争夺客户。

以多打少,指的是利用广告营销等手段,在整个市场展开促销刺激消费。即使营销的效果未必有多好,可是对强者来说,哪怕市场占有率提高一个百分点都可以获得巨大利润。

远攻,指的是在公司总部设置市场营销部,通过管理经销商开拓市场争夺客户。因为与客户直接打交道需要雇用大量的销售人员,这样做并不合算。

正面突破,指的是尽量在市场上引人注目,仿佛是在向竞争对手宣战。

读者必须明白强者的战略必须投入巨额资金，关键在于用以多打少的战术压迫对手。如果投入的资源无法形成足够强大的优势，还不如取消这个计划。

反之，弱者如果不考虑现实条件硬要实施强者的战略，还没看到结果就很可能因为资金链断裂而陷入危机。所以说，弱者就该实施弱者的战略。

弱者的战略与强者的战略

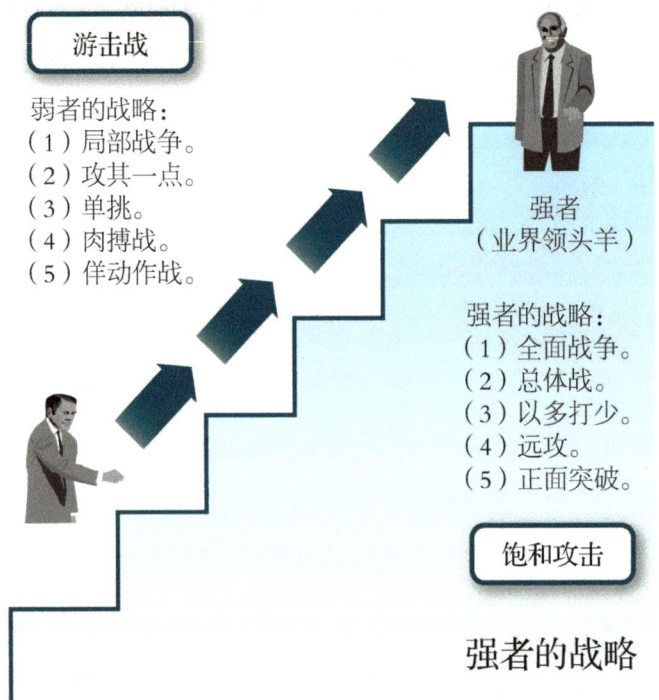

- 弱者靠的是一步一个脚印,积小胜为大胜,从而夺取最终胜利。
- 强者靠的是饱和攻击,通过短期决战获得战果。

第六章 做好战略思考,就要理解兰彻斯特战略的本质

问题44

处于弱势的毛利家采用什么手段战胜了强大的敌人呢?

毛利元就是日本中部地区有名的诸侯。初期,毛利家只不过是个地方豪强,周围都是实力远胜于己的敌人。但是毛利元就使用计谋将敌人各个击破。请读者思考:处于弱势的毛利家到底采用了何种手段战胜了强大的敌人呢?

提示　毛利元就使用了某种计策将敌人诱至预设战场,或者让敌人内部出现混乱而趁机消灭敌人。

答案44

释放假情报

【解说】利用佯动作战打乱敌人的作战部署或各个击破

毛利元就最擅长的就是用计,也就是利用战略战术上的欺骗战胜对手。作为一个与地方豪族势力无异的毛利元在初期就一直匍匐于周围强国的压力之下。毛利元就很清楚硬拼毫无胜算,唯一能采用的谋略就是引发敌人内乱让其自行灭亡,或者削弱敌人的力量之后再进攻。

在严岛之战中,毛利军突袭敌人陶氏一族的副城占据严岛后,毛利元就立即命令由浦宫尾构筑诱敌堡垒,同时派间谍放出假消息说严岛无水军,难以承受来自海面的攻击。通过这种方式把陶氏的军队引诱至严岛,战斗中击毙陶晴贤,从而占领了大内家的领地。

在攻击石见银矿时,毛利元就则采取了各个击破战术,释放有人要谋反的流言让守将尼子兄弟发生内乱,从而顺利占领银矿。

"千里之堤,毁于蚁穴",今天这个飞速发展的时代也造就了强者会因为一个小疏忽满盘皆输的时代。目前的世界经济竞争一如过去日本的战国时代一般精彩纷呈。

第六章 做好战略思考,就要理解兰彻斯特战略的本质

问题45

怎样说服能说会道的上司?

如果有个能说会道的上司,你是打算和他面对面激辩,还是攻击他的弱点?

提示 战略的前提是,用有限的资源换取最大的胜利。

答案45

攻击上司的弱点（不做口舌之争）

【解说】攻其虚弱法则（攻击敌人的弱点）

攻击敌人的弱点是战略的基本方针。先找到敌人的弱点，然后制订攻击目标，集中力量一举击破。

攻击敌人弱点的原因在于：投入最少的资源获得最大的成果，从而提高投资的费效比。与敌人硬碰硬则很有可能变成消耗战，甚至会因遭到敌人反攻而失败。例如日本战国时代的"川中岛之战"就是两大强者之间从正面冲突发展成了毫无结果的消耗战。

而在当前这个经济战国时代，两强之间的消耗战很可能会让第三方渔翁得利。例如日本国内的手机生产商只把目光集中在为争夺日本市场而开发只适合日本人的产品，结果苹果公司推出智能手机打进日本市场之后，所有的日本手机相关企业顿时陷入苦战。

所谓的选择就是决定"该做什么和不该做什么"，要想用有限的资源获得成功，就必须严格贯彻"攻其虚弱"的战术方针。

第六章 做好战略思考,就要理解兰彻斯特战略的本质

问题46

行业龙头如何应对竞争对手的挑战?

汽车用品巨头澳德巴克斯在公司内大力推行兰彻斯特战略。假如竞争对手在某家分店附近开业,请大家猜猜澳德巴克斯会采取什么样的对抗措施呢?

提示　澳德巴克斯是行业里的龙头企业,自然采取强者的战略。

答案46

饱和攻击

【解说】以多打少法则（三一法则）

作为业界的龙头老大，澳德巴克斯的基本战略就是强者的战略。简单地说，强者战略就是饱和攻击，用人力、物力上的优势直接压倒竞争对手。

现实中，澳德巴克斯确实也是在用饱和攻击对付竞争对手的新店。具体来说就是，用产品种类的优势（产品陈列）击败对手。所谓的产品陈列优势指的是：本店所能提供的可供客户选择的产品必须是竞争对手1.73（$\sqrt{3}$）倍以上，客户就会明显感觉出双方的差距。

为什么是1.73（$\sqrt{3}$）倍呢？兰彻斯特战略中有个著名的"三一法则"，又名"以多打少法则"，指的是在战场上投入敌军三倍兵力才能获得压倒性优势。为什么这里是$\sqrt{3}$而不是3呢？因为在自由竞争市场里，强者取得绝对优势还有个"N平方法则"。简单地说，就是"强者投入的经营资源可以发挥出平方数的效果"。$\sqrt{3}$的平方就是3，投入$\sqrt{3}$的资源即可达到弱者3倍效果。澳德巴克斯彻底执行该法则，有效发挥出了自身的经营资源优势。

问题47

为什么一定要争当第一?

可能有人还记得日本民主党短暂的执政时期内提出的"国际分工"这一议题,曾经有议员质问政府官员:"日本为什么一定要争当第一位?当第二位就不行吗?"那么,就请大家站在战略思考术的角度上,想想这个说法是否正确。

提示 如果问美国首届黑人总统是谁,肯定很多人马上能给出答案。同样大家都知道日本最高的山是富士山。请问:美国首届黑人总统的副总统是谁?日本第二高的山是哪座山?

答案47

从战略的角度上看这个说法是错的

【解说】应以争当第一位为目标

美国的首届黑人总统是奥巴马,他的副总统是拜登。日本第二高山是北岳山,除了少数登山爱好者,对普通人来说这是个很冷门的知识。

为什么要争当第一名?原因在于,单一市场里的第一位(行业龙头)和第二位之间的差距之大让人难以置信。例如,电冰箱这种大部分家庭只会购买一台的家电,客户往往只购买龙头企业的产品,第二位及其他公司早就被抛之脑后了。谈恋爱结婚也一样,往往真命天子只有一个,其他备胎只能眼巴巴地看着。政府部门的招标也是这样,包括第二位往下的企业只不过是失败者罢了。

而《利库路特》(现名:《住宅信息周刊》)就是依靠信息量夺取行业第一把交椅的公司。因为该周刊能提供读者所需要的一切信息,那么其他行业的信息类报刊就很少有人光顾了。

不单单是住宅信息,《利库路特》在大学生就业信息方面也是行业里的第一位企业,假如其他同行打算从这里打破《利库路特》的优势,需要投入的经营资源将会是一个巨大的数字。读者们可以看看自己所就职的公司,是不是行业里的第一位呢?

从第一位战略开始,进行战略思考

三种第一位战略

想成为行业领跑者可以向"产品""地区""客户"三个方向发展。

"产品第一名"指的是在特定的产品类别里成为业界龙头企业,例如奥林巴斯无法在医疗器械这个大市场里占据主导地位,于是就选择内窥镜市场作为主攻对象而成为龙头企业。与其把有限的经营资源到处平摊,不如将其集中投入有限的市场,用最小的代价取得最大的成果。

"地区第一位"指的是在特定的地区内占据行业第一位。简单地说,就是站在单一营业网点的立场上,只要在本区商圈内成为第一位企业,就有可能将经验复制至全国,在全国范围内争夺第一位。

"客户第一位"指的是获得单一客户最大份额的订单。例如,在电子零部件行业里,本公司力争成为某个重要客户的最大供应商,最终成为该客户不可或缺的供应商,并把这个亲密的合作关系一直维持下去。

第一位战略

产品第一位	成为某种产品销售的第一位
	【例】 • 成为个人电脑销售第一位 • 成为笔记本电脑销售第一位 • 成为液晶技术第一位 • 成为某种材料技术第一位

地区第一位	成为某地区同行中的第一位
	【例】 • 成为同一地区同行销售额第一位 • 成为一个地区最受居民信赖的企业 • 成为一个地区不可或缺的存在

客户第一位	成为某个客户商业伙伴中的第一位
	【例】 • 成为该客户最大的供应商 • 成为该客户最信赖的供应商 • 成为该客户不可或缺的供应商

无论在一个多么狭小的领域内都必须成为第一位。

第六章 做好战略思考,就要理解兰彻斯特战略的本质

问题48

面对挑战,乐天公司该如何应对?

乐天公司是口香糖市场龙头老大,第二位是明治制果。某年,明治制果创造性地推出了添加木糖醇的"口气清新口香糖"概念产品,让乐天公司一时间慌了手脚。明治制果还邀请了当红明星木村拓哉拍摄电视广告,出场费超过1亿日元。

假如读者是乐天公司的经营者,又该如何破解这个问题呢?

提示　是跟风推出相同类型的概念产品,还是另行开发新的概念产品?

171

答案48

跟风推出相同的概念产品

【解说】弱者只能寻找强者疏忽的地方,而强者模仿弱者即可

作为口香糖市场第二位的明治制果公司,曾经聘请木村拓哉拍摄电视广告,一时间获得巨大成功。可是,在当今这个竞争社会的时代,作为市场的龙头老大,乐天公司认为木糖醇口香糖的市场极其广大,因此并没有袖手旁观,而是推出了完全相同的概念产品。

肯定有会战略思考的人问:"作为追赶者,乐天公司为何不采取差异化战略呢?"而事实证明,乐天公司的选择是正确的。

确实,行业中第二位及以下的公司想要翻身只能偷袭大公司的疏漏之处,因为弱者一味模仿强者的产品无法吸引顾客。与此相反,已经取得了市场绝对优势的强者则可以采用模仿弱者产品这一方法,消除弱者创造出来的差异化,直接与弱者进行面对面的交锋。

对行业龙头老大来说,模仿战术能轻松消灭差异化,也就能夺回失去的市场份额。前面提到的明治制果与乐天公司的"木糖醇之战"到今天依旧没有平息,而乐天公司依旧是行业龙头企业。

问题49

想维持超长生命周期商品，应该采取哪种战略？

　　日清食品公司的CUP NOODLES（合味道）与大塚制药公司的SOYJOY（咀益嚼）都是超长生命周期商品。两家公司通过拥有多个超长生命周期的商品，为公司发展打下牢固的基础。

　　请读者思考：无论是CUP NOODLES（合味道）还是SOYJOY（咀益嚼），想维持这类超长生命周期商品应该采取哪种战略？

提示　为了防止客户对产品产生厌倦感，也为了防止产品带上"落后""不合时宜"标签而采取的战略。

答案49

用最新元素对商品进行更新换代

【解说】石头布剪刀理论

此类超长生命周期的商品都采用了同样的战略:为防止大众对商品的印象走向过时、不合时宜,必须经常加入新元素进行更新换代。

具体的做法有两种:一个就是加入新元素,如外星人、无国界的世界、信息社会等,让商品与"未来"等主题紧密结合,防止客户觉得商品落后、不合时宜;另一个就是要经常推出"新产品",如果发现某些新产品销路不好就干脆彻底退出。例如,计划在下一季推出酱油口味的杯面,甚至可以彻底否定以前的盐汤杯面,将升级版的"新产品"捧上天。

兰彻斯特战略将新产品的推出战略形容为"石头布剪刀理论"。所谓的"石头"的意思是开始推出拳头产品;"布"的意思是在单一的拳头产品上派生出多个后续子产品;"剪刀"的意思是后续子产品中肯定有些销路比较理想,有些比较强差人意,这时就要下定决心把不理想的产品彻底"用剪刀剪掉",也就是彻底退出。然后再把好产品当作拳头产品进行重点营销,然后重复以上的循环工作。

问题50

为什么同一集团会在一个商圈内开设两家分店?

提起MONTEROZA连锁店,大家肯定会想到著名的"鱼民""笑笑""白木屋"等餐饮店。这些店面一般设在车站前最繁华的地段,而且往往是一个车站设两家分店。

这种两家分店同处一个商圈的方式会不会引发内部竞争的问题呢?其实,让普通人想不到的是,这种设置门店的方式至少有两个优点。请读者们思考具体是什么优点。

提示 同时设置两家分店的优点是:"降低什么"和"提高什么"。

答案50

降低成本,提高知名度

【解说】收获"双眼构造理论"的乘数效果

"双眼构造理论"的核心内容是,一个商圈的两家门店会制造出乘数效果,我们就用第50问的餐饮店为例进行讨论吧。

首先,同时设置两家分店可大幅节约人力物力,比先设一家分店,日后再增设一家便宜很多。

其次,在满是各种餐饮店的车站前,设置两家分店会更醒目。两个颜色鲜明的招牌在车站的两端,无论从哪个方向过来的乘客都能看见。其实这样做的最大目的就是让站台上的乘客看见本店的招牌。甚至在东京的上野车站集中开设了三家分店,在大阪的御堂筋车站的小点的道路上也能看见MONTEROZA的醒目招牌,这样做的效果甚至好于电视广告。

当然,在同一个商圈开设两家分店确实有可能会引发一定的内部竞争现象,可反过来对于餐饮业来说,收益乘数效果则更显著。客人们会认为本店的座位随时都有保证,原本想去其他店的客人也会被吸引过来。

第六章 复习

从兰彻斯特战略的本质学习战略思考,你需要这样做

本章的主要内容是兰彻斯特战略。为了让大家能更好地巩固所学的知识,在此进行一次复习。

兰彻斯特战略是从第一次世界大战期间,战斗机技师F. W. 兰彻斯特构筑的兰彻斯特法则发展而来。为了构建一个投入兵员数、武器性能与获得战果之间的数学模型,兰彻斯特经过多方研究,从中总结出了"兰彻斯特法则"。

在第二次世界大战中,美军应用兰彻斯特法则取得了众多战术成果。例如,面对日本性能优异的零式战斗机,美军提出以三对一的战术,给日军造成重大损失。

日本已故的管理咨询师田冈信夫先生在研究兰彻斯特法则之后,构筑了"获取销售竞争优势的理论及实际操作"这一理论体系。简单地说,兰彻斯特战略发源于英国,完善于日本。

兰彻斯特战略的着眼点放在进攻一方,进攻敌人弱点可以理解为"避实击虚法则"。在想获得胜利的战场必须投入敌人三倍的兵力,这就

是著名的"三一法则"。第二次世界大战中，美军把三架战斗机编成一个小队来对付一架性能优异的零式战斗机，这可以说得上是三一法则的最初应用。也有人把三一法则称为"以多打少法则"。此外，兰彻斯特战略中还有"石头布剪刀理论""双眼构造理论"等很有意思的内容。

至此，读者已经知道，日本最高的山是富士山，第二高的山是北岳山了吧。兰彻斯特战略的另一个重点是"第一位主义"，无论多么狭小的领域，企业都应努力成为行业里的领头羊。切下某个市场最大的蛋糕，就意味着掌握了该市场的支配权。例如，奥林巴斯就占据了内窥镜市场70%的份额，而日本的利库路特公司成了住宅求职资讯行业里的老大。

第一位和第二位之间的差距远远超出我们的想象。在一个行业里，第一位和第二位之间的地位差距非常巨大。当第一位和第二位之间的差距足够大时，市场整体将处于一个稳定状态。